중국 3천년,
명문가의
자녀교육법

중국 3천년,
명문가의 자녀교육법

편저자 김영수
펴낸이 이종록 펴낸곳 스마트비즈니스
등록번호 제 313-2005-00129호 등록일 2005년 6월 18일
주소 경기도 고양시 일산동구 정발산로 24, 웨스턴돔타워 T4-414호
전화 031-907-7093 팩스 031-907-7094
이메일 smartbiz@sbpub.net
ISBN 979-11-85021-85-0 13590

초판 1쇄 발행 2017년 11월 15일

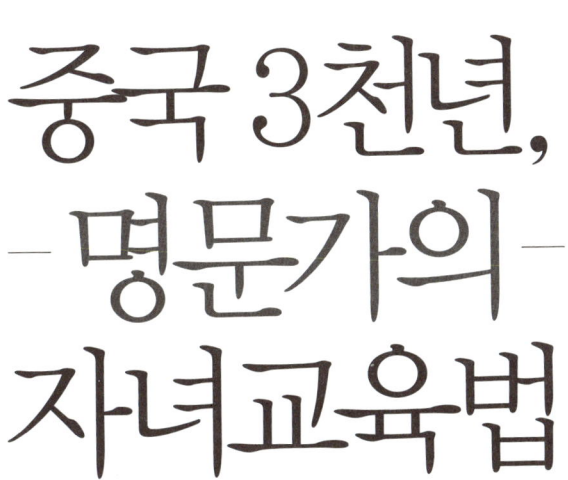

중국 3천년, 명문가의 자녀교육법

| 김영수 편저 |

머리말

중국 명문가의 자녀교육 비결은
부모의 '본보기 교육'이다!

　알파고와 이세돌 사이에 벌어진 세기의 바둑 대결이 전 세계의 이목을 집중시켰다. 이세돌의 유일한 한 판 승리에 모두가 환호했지만, 알파고가 봐줬다는 분석도 있었다.
　나의 관심은 승패가 아니었다. 이 과정에서 등장한 '딥 러닝Deep learning'이라는 단어가 나의 마음을 사로잡았기 때문이다. 굳이 번역하자면 '심화학습' 정도가 될 것 같은데 인공지능, 즉 컴퓨터가 엄청난 데이터를 바탕으로 스스로 학습하고 분석하는 것을 말한다.
　그러면서 미래 인간의 학습이 어떤 방향으로 가야 할지를 심사숙고深思熟考하지 않을 수 없었다. 그러다 문득 '심사深思'라는 단어에 생각이 멈추었다. '심사'라는 단어를 사용한 가장 오랜 기록은 전국시대 초나라 시인 굴원의 작품 〈초사楚辭〉 '어부漁父'다.

: 호학심사, 심지기의

그런데 사마천은 위대한 역사서《사기史記》첫 권에서 '호학심사好學深思, 심지기의心知其意'라는 명언을 남긴 바 있다. '배우기를 좋아하고 깊게 생각하면 마음으로 그 의미를 알게 된다'는 뜻이다. 사마천은 인간과 사물에 내재된 깊은 의미와 이치를 알고 깨치려면, 배우는 것을 즐거워하고 생각을 깊이 하라고 말한다. 그러면 마음으로 그 의미와 이치를 알게 된다는 것이다.

이 여덟 자는 음미할수록 절묘하다. 필자는 늘 '심사'에 방점을 찍으면서 모든 의문과 의심, 의혹과 질문이 바로 여기서 비롯된다고 말해 왔다. 그리고 이 여덟 글자를 가만히 잘 살펴보면 사마천의 절묘한 글자 배치와 의도를 눈치챌 수 있다.

생각 '思'라는 글자 아래에 있는 마음 '心'은 바로 다음 글자 마음 '心' 자로 이어지고, 끝 글자인 뜻 '意' 자 아래의 마음 '心'으로 마무리된다. 그리고 전반부 끝 글자인 '思'와 후반부 끝 글자인 '意'는 마음 '心'을 공통분모로 대구對句를 이룬다. 또한 '學'과 '知'도 어울린다. 참으로 절묘한 배치이자, 의미심장한 명구가 아닐 수 없다.

가르침도 이와 다르지 않다. 즐겁게 배울 수 있게 가르침의 방법과 수단을 강구하고, 인간과 사물의 이치를 따져 생각할 수 있도록 동기와 질문거리를 제공하는 가르침이야말로 오늘날 교육이 요구하는 바가 아니겠는가?

공부에 있어서 질문과 의문 품기야말로 창신創新의 원천이라는 말이다. 학문學問에 괜시리 '問' 자가 들어가 있는 것이 아니다.

그런데 옛 현인들도 공부와 학문에 있어서 질문과 의문 품기가 얼마나 중요한가를 누누이 강조하고 있다.

"학문을 함에 있어서는 의문이 없는 것을 걱정해야 한다. 의문을 품으면 진보한다. 작게 의문을 품으면 작게 진보하고, 크게 의문을 품으면 크게 진보한다爲學患無疑(위학환무의), 疑則有進(의즉유진), 小疑小進(소의소진), 大疑大進(대의대진)."

표현을 조금 달리하자면 "공부에 의심이 없으면 문제다. 의심하면 진보한다. 작게 의심하면 작게, 크게 의심하면 크게 진보한다." 정도가 될 것 같다.

'의疑'에는 '의문', '의심', '의혹' 등이 모두 포함된다. 당연히 '질문'도 그 범주에 들어갈 터다. 의심 없는 학문은 죽은 학문이고, 의문 없는 창조란 없다. 앞에 인용한 명구는 남송시대의 대사상가 육구연의 말이다. 육구연과 같은 시대를 살면서 치열한 논쟁까지 벌였던 주희도 거의 비슷한 말을 남겼다(누가 먼저 이런 말을 남겼는지는 분명치 않고 또 중요하지도 않다). 육구연의 제자라 할 수 있는 진헌장의 말도 들어보자.

"배움은 생각에서 비롯되고, 생각은 의문에서 기원한다學起于思(학기우사), 思源于疑(사원우의)."

육구연의 말이든, 주희의 말이든, 진헌장의 말이든 배움과 공부에는 의문과 의심이 필수라는 점을 강조하고 있다.

: 다시 가정교육이다, 중국 명문가의 가정교육법

북경사범대학 교육학과 교수, 교육학자로 중국 교육사와 가정교육에 대한 대표적인 전문가로 꼽히는 곽제가 선생은 2017년 4월 18일 호남대 도서관에서 열린 강연 '중국식가교中國式家敎'에서 중국식 가정교육의 특색으로, 다음 다섯 가지를 제시한 바 있다.

1. 가정의 화목이 사회 화목을 촉진한다.
2. 인륜의 길은 부부에서 시작된다.
3. 가정의 화목을 융합시키는 효도에 주목한다.
4. 가정교육의 가장 유효한 수단은 가훈家訓이다.
5. 가정교육과 아동의 독서에 관심을 기울인다.

전통사회 중국 명문가의 가정교육 역시 곽 선생이 제시한 항목과 정확하게 일치한다. 얼핏 낡은 가치관과 교육 방식으로 보인다. 그러나 곽 선생이 제시한 이 다섯 가지 전통 가정교육의 특색이 공교롭게도 현대사회가 직면하고 있는 각종 문제점들을 해결할 수 있는 가장 근본적인 해결책임을 발견하게 된다.

이 책은 이상과 같은 점들에 유의하면서, 전통사회 중국 명문가의 자녀교육법을 정리한 것이다. 이와 관련하여 역대 명인들이 자식이나 식구들에게 남긴 편지와 문장을 뽑아 함께 제시했다.

30개 자녀교육법의 항목은 《고금명인교자칠십법古今名人敎子七十法》 肖春生, 天津社會科學院出版社, 2003을 참고하여 편저자가 정리하고 필요한 내용을 보탰다.

동양사회에서 가정과 가족은 2천 년 넘게 봉건사회를 떠받치는 절대적이고 기본적인 구성단위였다. 따라서 가정과 가족이 차지하는 비중과 위치는 대단히 중요했다. 이런 점은 우리나라도 마찬가지였다.

'수신제가치국평천하修身齊家治國平天下'는 큰 뜻을 둔 사람이라면 한결같이 추구하던 인생목표였다. 한 사람이 사회에 발을 디디려면 먼저 자신을 수양하고, 다음으로 가정을 잘 다스린 다음에라야 비로소 하고자 하는 일을 할 수 있다는 취지다. '수신제가'는 가정교육의 단계에 해당한다.

그래서 예로부터 지혜롭다는 명인들은 자신의 경험을 종합하고 요약하여 가훈을 짓는 한편, 가정을 다스리는 격언들을 많이 남겼다. 《공자가어孔子家語》《안씨가훈顔氏家訓》《주백려치가격언朱伯廬治家格言》 등이 그 대표적인 것들이다. 이 가어와 가훈들은 말하자면 가정교육의 한 방법이자, 요체라 할 수 있다.

이 책에 소개된 '중국 명문가의 자녀교육법'은 인간으로서 지켜야 할 원칙과 그를 바탕으로 한 처세 경험들로 가득하다. 읽고 나면 귀가 쫑긋 서고 눈이 번쩍 뜨이는 느낌을 받을 것이다. 오늘날 우리가 인간답게 처신하고 자기 일을 바르게 성취해나가는 데 큰 도움이 될 것으로 확신한다.

다시 가정교육이다. 이제 우리 자식들은 교육에 절대 필요한 최소한의 교양을, 가정에서 미리 준비해갈 수 있어야 한다. 부모들의 철저하고 처절한 자기개혁, 이것이야말로 모든 가정이 '명문가'로 거듭날 수 있는 필요충분조건이 아닐 수 없다.

자녀교육의 큰 원칙은 결국 하나다. 바로 부모에게서 시작하고 부모에게서 끝난다는 것이다. 중국 명문가의 자녀교육 비결은 부모의 '본보기 교육'에 있었다.

중국 명문가의 자녀교육법은 결코 어렵거나 특별하지 않다. 문제는 작은 원칙들을 어떻게 실행하느냐 하는 것이다. 이 책에 소개된 몇 가지 자녀교육법만 꾸준히 실행해도 분명, 우리의 자녀들은 달라진다.

이런 점에서 이 책은 모든 부모들을 위한 것이다. 아무쪼록 이 책이 현재 우리 사회가 직면하고 있는 여러 문제점들을 바로 직면하고, 그 문제점들의 근본적 원인이 가정교육에 있다는 사실을 확인하는 데 도움이 되길 바란다.

김영수

차례

머리말 · 4

| 중국 명문가의 자녀교육법 1 |
습관배양 : 후천적 자질은 습관으로 길러진다 · 15

| 중국 명문가의 자녀교육법 2 |
침착평정 : 침착함은 모든 상황 대처 능력의 기초다 · 23
Tips 제갈량이 아들에게 보낸 가서

| 중국 명문가의 자녀교육법 3 |
약속신뢰 : 약속과 신뢰는 평생의 밑천이다 · 32

| 중국 명문가의 자녀교육법 4 |
근검양덕 : 재물은 아끼고 덕은 부지런히 키워라 · 39
Tips 사마광이 아들에게 보낸 가서

| 중국 명문가의 자녀교육법 5 |
의문제기 : 크게 의심하면 크게 진보한다 · 52

| 중국 명문가의 자녀교육법 6 |
인격조성 : 쇠를 두드리려면 자신이 먼저 단단해져야 한다 · 59
Tips 왕수인이 동생들에게 보낸 가서

| 중국 명문가의 자녀교육법 7 |

체험교육 : 지식은 머리로, 체험은 가슴으로 전달된다 • 71

| 중국 명문가의 자녀교육법 8 |

신체두뇌결합 : 내 몸이 바르면, 행동도 바르게 나타난다 • 79
　Tips　증국번이 아들에게 보낸 가서

| 중국 명문가의 자녀교육법 9 |

환경선택 : 교육환경은 가정환경에서 시작한다 • 88

| 중국 명문가의 자녀교육법 10 |

자립환경 : 스스로 노력해서 얻은 것이 가장 값지다 • 93
　Tips　서원여가 동생들에게 보낸 가서

| 중국 명문가의 자녀교육법 11 |

목표격려 : 자신의 노력으로 희망이 현실이 되게 하라 • 104

| 중국 명문가의 자녀교육법 12 |

솔선수범 : 고함지르는 것보다 직접 보여주는 것이 낫다 • 109
　Tips　동방삭이 아들에게 보낸 가서

| 중국 명문가의 자녀교육법 13 |

가규교육 : 나라에 국법이 있듯, 가정에도 가훈이 있다 • 116

| 중국 명문가의 자녀교육법 14 |

처벌교육 : 엄격함에 사랑이, 처벌에 가르침이 깃들어 있어야 한다 • 122
　Tips　주희가 아들에게 보낸 가서

| 중국 명문가의 자녀교육법 15 |

책임감격려 : 평생 가슴에 새겨 둘 가르침을 주다 • 132

| 중국 명문가의 자녀교육법 16 |

우상격려 : 우상을 본받아 스스로 교육하고 가꾼다 • 138
　Tips　설선이 아들에게 보낸 가서

| 중국 명문가의 자녀교육법 17 |

허심탄회 : 진실하고 솔직하게 속마음을 나누다 • 150

| 중국 명문가의 자녀교육법 18 |

방증사례인용 : 이치가 타당하면 마음으로 복종한다 • 155
　Tips　요신이 아들에게 보낸 가서

| 중국 명문가의 자녀교육법 19 |

동심계발 : 인간의 모든 배움은 의문에서 비롯되었다 • 162

| 중국 명문가의 자녀교육법 20 |

대증처방 : 문제와 원인을 찾아 교육하다 • 169
　Tips　팽옥린이 동생에게 보낸 가서

| 중국 명문가의 자녀교육법 21 |

충격반응 : 좋은 아파야 종소리를 멀리 보낸다 · 180

| 중국 명문가의 자녀교육법 22 |

기회교육 : 기회가 왔을 때, 결정해야 할 때는 단호하게! · 185
Tips 정섭이 동생에게 보낸 가서

| 중국 명문가의 자녀교육법 23 |

재능교육 : 더디게 피더라도 오래 피는 꽃이 되라 · 194

| 중국 명문가의 자녀교육법 24 |

순리유도 : 때가 되어 순리에 따라 유도한다 · 200
Tips 양호가 아들에게 보낸 가서

| 중국 명문가의 자녀교육법 25 |

흥미배양 : 호기심이 사라지면 지성도 사라진다 · 208

| 중국 명문가의 자녀교육법 26 |

음악교육 : 인간관계의 조화를 음악에서 배우다 · 213
Tips 왕부지가 아들과 조카에게 보낸 가서

| 중국 명문가의 자녀교육법 27 |

암시법 : 자존심을 건드리지 않고 잘못을 알게 하다 · 221

| 중국 명문가의 자녀교육법 28 |

자성계발 : 스스로 깨우치는 것이 가장 좋다 · 225

Tips 기효람이 아들에게 보낸 가서

| 중국 명문가의 자녀교육법 29 |

고사활용 : 동화와 고사라는 오래된 미래를 활용하라 · 234

| 중국 명문가의 자녀교육법 30 |

체험전수 : 옛것을 익혀 새것을 배운다 · 239

Tips 당순지가 동생에게 보낸 가서

부록 _ 공부에 관한 '이름난 글귀' · 247

• 중국 명문가의 자녀교육법 1 •

습관배양

: 후천적 자질은 습관으로 길러진다 :

 "세 살 버릇 여든 간다."라는 오랜 속담은 가정교육에 있어서 가장 근본적인 문제, 즉 습관의 중요성과 심각함을 지적한 말이다. 이와 같은 맥락에서 서양에는 "습관은 제2의 천성이다."라는 격언이 있다. 동서양을 막론하고 이러한 인식에 기초하여 부모들은 어릴 때부터 아이에게 좋은 습관을 길러주기 위해 여러 가지를 배려한다. 이런 교육법을 '습관배양'이라 한다. 말 그대로 '습관을 훈련하고 기른다'는 뜻이다.
 습관의 사전적 의미는 '오래 쌓여 길러진 생활 방식'이다. 습관은 타고난 것이 아니라 후천적이라는 뜻이다. 특히 습관은 완강하고 막강

한 힘으로 우리 인생을 좌우하기도 한다. 습관은 그만큼 무섭다. 그래서 습관에 지배당해서는 안 된다고 경고한다.

심지어 로마 공화정시대의 장군 퀸투스 세르토리우스는 이렇게 말했다.

"습관이 천성보다 완고하다."

나쁜 습관이 몸에 밴 다음, 이를 다시 바로잡는 것은 무척이나 어렵다. 그러기에 아이의 습관이 형성되기 시작할 무렵, 정확한 행동 습관을 길러주는 일이 무엇보다 중요하다. 이 때문에 '습관배양'은 교육에 있어서 매우 중요한 의미를 가진다.

우리 아이들은 어려서부터 가족과 이웃에 대한 예의범절이나, 상대에 대한 배려 등 문명인으로서 갖추어야 할 기본 교양을 배워야 한다. 그래야 기본적인 도덕관념도 저절로 몸에 배어, 훌륭한 문화인으로 성장할 수 있다. 습관은 개인적 차원에만 머무르지 않고 지역과 사회에 영향을 미치기 때문에, 오늘날 부모들이 결코 소홀히 할 수 없는 교육법이다.

'습관배양'의 중요성을 인식하고 일찍이 자식과 아동들의 좋은 습관 형성을 위해 송나라 때의 큰 유학자 주희朱熹는 아동이 꼭 알아야 할 행동 규칙을《동몽수지童蒙須知》라는 책을 통해 제정한 바 있다. 옷 입는 것으로부터 말과 행동걸음걸이 등, 청소와 같은 간단한 집안일, 책 읽고 글 쓰는 것 등 아동의 초기 습관 형성에 중요한 분야들을 자세하게 나누어 설명하고 있다.

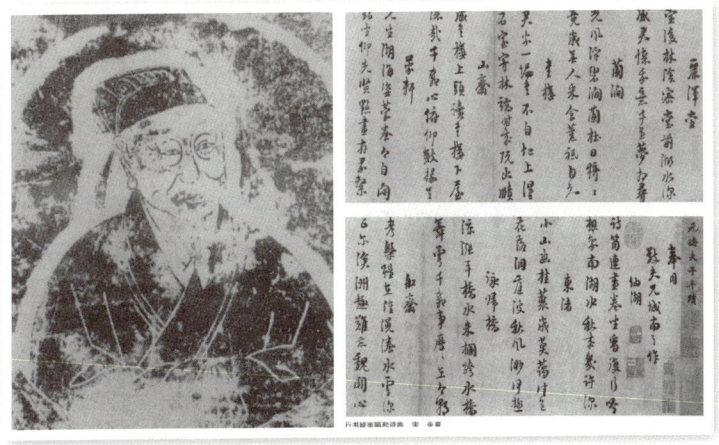

―――― **주희의 초상과 글씨** 습관의 중요성을 정확하게 인식했던 대학자 주희는 《동몽수지》라는 전문서를 남기기도 했다. 사진은 주희의 진짜 모습에 가까운 초상의 탁본과 글씨다.

특히 주희는 옷 입는 습관에서 깨끗함과 정리정돈을 강조했다. 대체로 사람됨에는 먼저 몸을 단정히 하고 정제해야 한다. 그래서 관, 두건, 옷, 신으로부터 모두 반드시 매만지고 잘 간수하여 항상 정결하게 해야 한다고 가르치고 있다. 부모들이 아이가 옷가지를 정리하여 담을 수 있는 옷상자를 마련해주면 아이의 습관 형성에 크게 도움이 될 것이다.

또 말하는 것에 대해서는 목소리를 나직이 하고 숨을 가라앉혀서 말을 상세하고 느리게 할 것이요, 큰소리로 떠들거나 허튼소리로 시시덕거려서는 안 된다고 가르치고 있다.

집안일을 돕는 가사노동의 중요성을 지적한 대목에서 주희는 간단한 청소, 즉 자기 방 청소와 책상이나 문방구 정리 등은 아이가 직접 하도록 시키라고 말한다.

책을 읽고 글을 쓰는 습관을 기르기 위한 부분에서는 큰소리를 내서 읽는 습관과 억지로 외우려 하지 말고 반복해서 읽음으로써, 자연스럽게 외워야 오래도록 기억할 수 있다는 점을 지적하고 있다.

이상과 같은 점들은 오늘날 부모들도 다 아는 내용이고 조금만 신경 쓰면 충분히 실천할 수 있다.

문제는 부모의 실천 의지와 실제 행동일 것이다. 아이는 시키는 대로 하지 않고 보고 듣는 대로 따라 한다. 이 사실을 깊이 새기고 행동 원칙이나 가정에서 모두가 지켜야 할 규칙 등을 정하여, 함께 실천해 나가야만 좋은 결과를 얻을 수 있다.

한마디 덧붙일 것은 이 '습관배양'이 아주 평범한 교육법이긴 하지만 이 교육법이 성공할 경우, 그 결과와 효과는 예상 밖으로 크다는 것이다.

넓은 의미에서 습관을 '한 지방의 풍속, 사회 습속, 도덕성 등 실천과 경험을 통해 형성된 적응의 범주'라고 정의한다. 이것은 개인적 차원의 습관이 나아가 지역과 사회에도 영향을 끼친다는 의미다.

'습관배양'의 중요성을 좀 더 알아보자.

이른바 습관이란 어떤 상황에서 인간이 자기도 모르는 사이에 나타내는 어떤 동작의 필요 또는 특수한 경향을 가리킨다. 그래서 심리학자들은 습관이 성격 형성이나 성격 개조에 중요한 영향을 미친다고 말한다.

성격은 객관적 현실에 대한 안정된 태도 및 그에 적응하는 습관화된 행위 방식의 종합이다. "행위의 씨를 뿌리면 습관을 수확하고, 습관의 씨를 뿌리면 성격을 수확하고, 성격의 씨를 뿌리면 운명을 수확한다."라는 속담은 그래서 아주 무겁게 다가올 수밖에 없다.

이 속담을 교육과 연계시켜 이렇게 말할 수 있다.

"교육은 행위에 영향을 미치고, 행위는 습관을 형성하며, 습관은 성격을 기르고, 성격은 운명을 결정한다."

습관이 인간의 행위 및 성격에 대단히 중요한 영향을 미친다는 사실을 잘 알았기 때문에, 동서고금을 막론하고 수많은 사상가와 교육가들이 아동의 좋은 행동과 습관을 기르는 문제를 대단히 중시했던 것이다.

'습관배양'은 간단하고 쉽다고 생각하기 때문에 흔히 소홀히 하고 가볍게 여긴다. 하지만 결코 그렇지 않다. 이 교육법은 그 어떤 교육법보다 정확한 인식과 과학적인 방법을 통해 실천해야 한다.

일상적으로 끊임없이 반복되는 것이기 때문에 귀찮고 싫증이 날 때도 적지 않다. 바로 이런 점이 이 교육법의 실천이 쉽지 않다는 것을 역으로 말해준다. 따라서 이 교육법은 구체적으로 다음 열 가지에 유의해야 한다.

첫째, 아이의 좋은 습관배양을 위해서는 무엇보다 '일찍'이라는 단어에 주목하지 않으면 안 된다. 어릴 때부터 좋은 습관을 길러야 한다는 뜻이다.

둘째, 행위가 습관을 형성한다는 점을 확고하게 인식하여 좋은 행위를 훈련하는 데 역점을 두어야 한다.

셋째, 부모는 아이의 거울이다. 누구보다 부모가 앞장서서 아이에게 훌륭한 모범을 보여주어야 한다.

넷째, 아이에게 일부러 과거의 훌륭한 가훈이나 가풍 및 '학생 수칙' 등을 읽게 하여 습관 형성에 도움을 얻도록 해야 한다.

다섯째, 가훈, 가풍, 조약, 수칙 등을 만들어 아이의 행동을 적절하게 단속함으로써 좋은 습관을 기를 수 있게 돕는다.

여섯째, 구체적인 사례와 바른 이치를 통해 아이가 스스로 엄격하게 자신을 통제하고 습관을 기를 수 있게 계발한다.

일곱째, 교육적으로 의미가 있는 환경을 만들어 아이가 적극적인 영향을 받도록 한다.

여덟째, 부모는 일정한 도덕 행위와 준칙 그리고 생활 규범에 근거하여 아이의 행위를 평가해야 한다.

아홉째, 필요할 경우에는 강제적인 조치로 아이의 행위를 제한해야 한다. 예를 들어 친구와 잘 다투는 아이는 수업이 끝나면 바로 집으로 돌아오도록 행동을 제약해야 하는 것 등이다. 물론 전문가의 충고와 상담 등이 병행되어야 한다.

열째, 아이들의 행동에는 목적성과 확고한 지속성이 결여되어 있다. 그래서 숙지하고 있는 도덕 준칙을 자신도 모르게 잊거나 신경을 쓰지 않는 일이 흔히 발생한다. 또 자신의 행위를 감독할 수 있는 능력이 떨어진다. 그 때문에 습관이 형성되었다가도 흔히 다시 허물어지거나 나쁜 습성에 물들기 쉽다.

따라서 부모는 이런 과정이 반복되지 않도록 주의해야 한다. 나쁜 습관을 고치는 실천은 아무리 늦어도 고치지 않는 것보다는 훨씬 낫기 때문이다.

습관은 힘이 세다. 가령 집안 곳곳에 아령과 덤벨을 책상 아래에 두고 틈나는 대로 하루 5분씩 3~4회씩 하는 습관을 들이게 하라. 따로 시간을 내어 헬스클럽에 다니지 않더라고 몸짱 소리를 듣는 아이로 키울 수 있다.

또한 자녀가 하루 30분 정도의 자투리 시간을 활용해서 독서를 하면 1년이면 10권 가까이 책을 읽을 수 있다. 하루 30분씩을 투자하면 일 년이면 중급 수준의 외국어를 마스터할 수 있고, 취미 수준의 악기를 배울 수 있는 충분한 시간이다.

중국의 문학가 파금巴金은 "자녀의 성공적 교육은 좋은 습관을 갖게 하는 것으로 시작한다."라고 했다. **가정에서 일찍부터 지혜롭게 길러진 습관은 제2의 천성이 된다. 즉, 후천적 자질은 습관으로 길러진다고 할 수 있다.**

이런 점에서 습관은 천성보다 훨씬 중요하고 강인하다. 어쩌면 모든 교육의 출발점과 기초가 습관에 있는지 모른다. 영국의 극작가 찰스 리드의 습관에 관한 유명한 말을 기억하자.

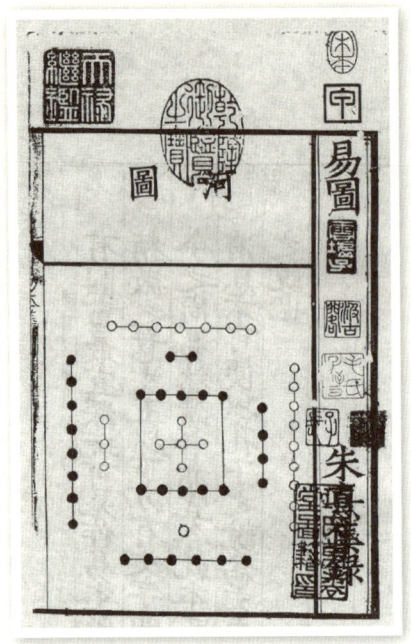

《주역본의도》 주희는 생전에 무려 이삼십 군데의 서원과 직접 관련을 맺으며 자유로운 학문 정신을 고양시켰고, 이를 통한 교육 개혁에 열성을 쏟았다. 사진은 그의 저술인 《주역본의도》 판본이다.

"어떤 사상이 있으면 어떤 행위가 있고, 어떤 행위가 있으면 어떤 습관이 있다. 어떤 습관이 있으면 어떤 성격이 있고, 어떤 성격이 있으면 어떤 운명이 있다."

| · 중국 명문가의 자녀교육법 2 · |

침착평정

: 침착함은 모든 상황 대처 능력의 기초다 :

 소설《삼국지연의》의 실질적인 주인공이자, 실제 역사에서 만고충절萬古忠節이라는 불후의 명성을 남긴 제갈량諸葛亮은 아들에게 〈계자서誡子書〉라는 글을 남겼다(Tips '제갈량이 아들에게 남긴 가서' 참고).

 이 글은 훗날 훌륭한 자녀교육법의 하나로까지 높이 평가되었고, 그 중요성은 현대사회에서 더욱 커지고 있다. 〈계자서〉는 제갈량과 관련된 유적지 어딜 가나 어렵지 않게 볼 정도로 널리 알려져 있을 뿐만 아니라, 역대 중국 가정의 자녀교육에 심대한 영향을 미친 글이기도 하다.

 〈계자서〉의 핵심은 담담함, 차분함, 소박함, 검소 등으로 요약할 수 있다. 주로 생활에 있어서의 담담함, 정서상의 차분함, 소박함과 검소를 결합한 도덕 수양론이라 할 수 있다. 쉽게 말해 '맑고 투명하게 살라'는 요지다.

과거의 성현들은 자식의 도덕 수양에 대단한 관심을 기울였다. 송나라 때의 학자로 《자치통감資治通鑑》이라는 중국 역사상 최고의 편년체 통사를 남긴 사마광司馬光이 아들에게 보낸 편지에서 말하는 "근검으로 덕을 기르라."는 충고는 제갈량이 말하는 담담함과 차분함의 또 다른 측면이다.

청대의 명사 증국번曾國藩이 동생에게 보낸 편지에서 나열한 인간이 갖추어야 할 여섯 가지 원칙인 청淸, 검儉, 명明, 신愼, 서恕, 정靜에서 검과 정이 제갈량이 말하는 검소와 차분함이다.

────── **제갈량과 제갈첨의 조형물** 아버지 제갈량(좌)과 아들 제갈첨(우)은 나라와 백성을 위해 기꺼이 자신을 희생했다. 이 두 사람은 부모의 자녀교육이 얼마나 중요한가를 잘 보여준다.

제갈량의 이러한 교육법은 글과 말에만 머무르지 않았다. 그가 세상을 떠난 뒤 자식에게 남긴 유산은 800그루의 뽕나무와 거친 땅 약간이 전부였다. 힘들게 농사지으면서 살라는 뜻이었다. 아들 제갈첨諸葛瞻도 이런 아버지의 뜻을 저버리지 않고 훌륭하게 성장하여, 부하 병사들과 더불어 전쟁터에서 장렬하게 전사했다. 그때 그의 나이 서른여섯이었다.

　담담함과 차분함은 우리 교육 현실에 너무 필요한 교육 항목이다. 이 교육법은 생활 면에서는 아이들의 욕심을 줄이고 어려운 상황에서도 느긋하게 대처하는 힘을 길러준다. 심리와 행동 면에서는 서두르지 않는 차분함을 길러준다. 물질생활에서의 소박함과 정신상의 적은 욕심을 강조하는 교육법이다.

제갈량 동상 만고의 충절 제갈량은 자녀교육에도 남다른 논리를 갖고 있었다. '담백한 삶과 근검', 그는 평생 이를 실천하여 자신의 몸을 교재로 남겼다.

검소와 사치는 인간의 사업에 결정적인 영향을 미친다. 검소는 사치를 치료하는 좋은 약과 같다. 춘추시대 노나라의 대부 어손御孫은 "검소는 덕과 관계되며, 사치는 가장 큰 죄악이다."라고 지적한 바 있다.

차분함은 서두르지 않는 것이다. 이는 안정되고 평화로운 마음의 경계, 즉 그런 심리 상태를 말한다. 마음의 경계는 학습과 일, 생활과 건강에 아주 큰 영향을 미친다. 마음의 경계는 우선 개인의 정서에 직접 영향을 준다. 정서는 객관적 사물에 대한 인간의 적절한 심리 상태로 자신의 필요성이 만족될 때에 나타나는 내심의 체험이다.

따라서 정서의 좋고 나쁨은 여러 방면에 영향을 주며 심지어는 인생의 행복과도 관계된다. 정서는 또 건강에도 영향을 주는 심리적 요소다. 이 외에도 정서는 인간관계 등에도 영향을 초래한다. 따라서 **차분한 정서는 공부는 물론 건강과 인간관계 등 우리 생활 전반에 절대적인 영향을 줄 수 있다.**

이 교육법을 운용할 때는 대체로 다음 다섯 가지에 유의해야 한다고 전문가들은 지적한다.

첫째, 생활에서의 담백함과 소박함 그리고 심리적인 면에서의 차분함과 편안함이 사람의 이상, 앞날, 성격, 사업, 일, 학습, 생활, 신체에 미치는 중대한 의미를 분명하게 인식시켜야 한다.

둘째, 명인들의 성장 과정을 들려주어 아이들이 차분하고 소박한 사상을 수립하는 데 도움을 주고, 나아가서는 아이들이 자발적으로 명인들을 본받도록 해야 한다.

　셋째, 아이들의 생활을 세밀하게 주의 관찰하여, 혹 아이들의 생활과 행동에 조급함이나 사치 등과 같은 좋지 않은 현상이 나타나면 때를 놓치지 않고 바로잡을 수 있게 해야 한다.

　넷째, 허황된 명예와 눈앞의 이익에 급급하지 않고 담담할 수 있도록 교육시켜야 하며, 이를 위해 부모들의 허영을 만족시키기 위한 과시적 공부가 아닌 자식의 소질에 맞는 실질적인 공부에 중점을 두어야 한다.

　다섯째, 자식들의 개성을 수양을 하는 데 주의해야 한다. 그 과정을 통해 성급함, 천박함, 산만함 등과 같은 나쁜 습성을 경계하고 가능한 늘 차분하고 평안한 심리 상태를 유지할 수 있게 해야 할 것이다.

　제갈량은 숙적 위나라를 정벌하기 위한 북벌에 나섰다가 오장원에서 과로로 병사했다. 그는 자신의 죽음을 예감하고 뒷일까지 대비한 다음 촉나라 군대를 철수시켰다. 여기서 '죽은 제갈량이 산 사마의司馬懿를 쫓았다'는 고사가 탄생했다. 이 고사는 저 유명한 '공성계空城計'와 함께 제갈량이 절체절명의 위기 상황에서도 평정심을 유지한 채 침착하게 상황을 대처했음을 잘 보여준다. 그가 자식을 위한 글에서 침착과 평정을 왜 강조했는가를 알게 하는 생생한 대목들이다.

　자식에게 침착과 평정을 강조한 제갈량은 그 자신이 몸소 그 사례를 남겼는데 '공성계'가 대표적이다. 이 부분을 좀 더 알아보자.

　이 사례는 역사서 《삼국지》〈촉서·제갈량전〉에도 기록되어 있다.

촉의 승상이자 군사軍師 제갈량은 양평에 주둔하고 있으면서 위연魏延 등을 보내 위군을 공격하도록 했다. 그러다 보니 성에는 늙고 나약한 잔병들만 남아 성을 지키게 되었다. 이 정보를 재빨리 입수한 위군의 대도독 사마의는 대군을 이끌고 기세등등하게 쳐들어왔다. 성을 지키고 있던 군사들이 이 소식에 모두 겁을 집어먹고 어찌해야 할 바를 몰랐다.

그러나 제갈량은 조금도 당황하지 않고 성문을 활짝 열게 하는 한편, 문 앞의 도로를 깨끗하게 청소해놓고 사마의의 입성을 맞아들였다. 그리고 제갈량 자신은 성루에 올라가서 단정히 앉아 거문고를 뜯었다. 그 자태는 너무도 차분했고, 거문고 소리는 전혀 흩어짐이 없었다. 성 바로 앞까지 쳐들어온 사마의는 제갈량의 이런 모습을 보고는 의심이 생겨났다.

'지금까지 제갈량이 일을 처리하는 모습을 보면 신중하기 짝이 없어 좀처럼 선불리 모험을 하지 않는데, 오늘은 어째서 저렇단 말인가? 성 안에 복병을 이미 배치해놓고 나를 유인하는 것 아닌가? 그래! 내가 그 수에 걸려들 수는 없지!'

이렇게 생각한 사마의는 이내 군대를 철수시켜 돌아갔다.

제갈량의 계책을 두고 훗날 사람들은 '공성계'라 불렀고, 어떤 상황에서도 흔들림 없는 침착과 평정으로 위기를 극복한 대표적인 사례로 전한다.

───── **공성계** 제갈량은 삼국 정립에 결정적인 역할을 했고, 거기에는 제갈량의 침착과 평정심이 크게 작용하고 있다. 침착과 평정의 상징으로서 제갈량의 '공성계'를 나타낸 그림이다.

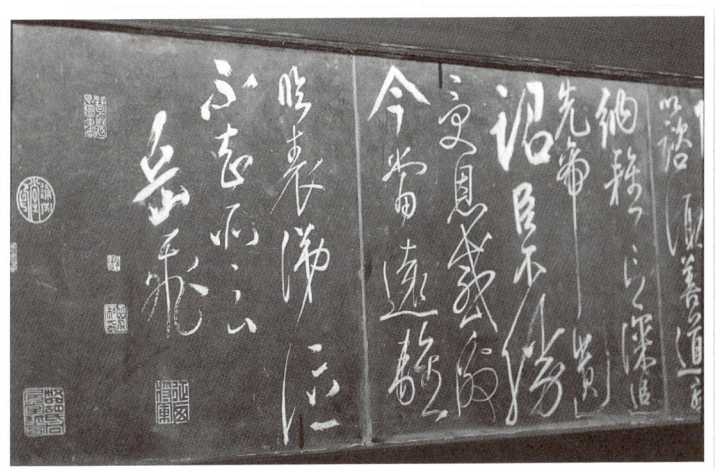

───── **〈출사표〉** 제갈량의 삶을 온전히 대변하고 있는 천고의 문장이 〈출사표〉다. 사진의 〈출사표〉 글씨는 송나라 때의 명장 악비가 쓴 것이다.

> Tips_제갈량이 아들에게 남긴 가서

맑고 투명하지 않으면 뜻을 바로 세울 수 없고, 차분하지 않으면 멀리 내다볼 수 없다

무릇 사내군자의 행동은 차분함냉정으로 자신을 수양하고 근검절약으로 덕을 기르는 것이다. 맑고 투명하지 않으면 뜻을 바로 세울 수 없으며, 냉정하지 않으면 멀리 내다볼 수 없다.

모름지기 배움이란 차분해야만 뜻을 지극히 할 수 있다. 타고난 것이 아니라면 노력해서 배우지 않으면 안 된다. 노력하여 배우지 않으면 재능을 넓힐 수 없고, 뜻을 세우지 않으면 배운 바를 성취할 수 없다. 게을러서는 분발하여 정진할 수 없고, 사납고 급해서는 좋은 품성을 가질 수 없다.

나이는 세월과 함께 흘러가고 세웠던 의지도 시간과 함께 사라져, 끝내 아무것도 이루지 못한 채 허름한 초가집만 처량하게 지킨다면 그때 가서 후회해도 때는 늦으리라!

제갈량(諸葛亮, 181~234 / 54세)

삼국시대 촉의 대신이자 걸출한 정치가로 자는 공명孔明, 낭야 양도(지금의 산동성 기남 남쪽) 사람이다. 후세 사람들은 그의 자를 따서 흔히 '제갈공명' 또는 '공명 선생'으로 불렀다. 제갈량은 자녀교육에도 남다른 논리와 철학을 갖고 있었다. 제갈량은 '만고의 충절', '탁월한 지략가', '지혜의 화신', '유능하고 어진 재상의 모범', '고금에 둘도 없는 명재상' 등의 청송이 뒤따르는 중국인들이 가장 사랑하는 인물이다.

유비는 죽기 전에 못난 아들 아두阿斗, 유선의 별명를 걱정하면서 아들이 도저히 인물이 아니라고 판단되면 제갈량 당신이 직접 황제 자리에 올라 촉을 통치하라고까지 했다. 이것이 유비의 진심이었겠느냐를 두고 말들이 많지만, 한 가지 분명한 사실은 유비가 그만큼 제갈량을 믿었다는 것이다. 만고의 충절, 제갈량은 자녀교육에도 남다른 논리를 갖고 있었다. '담백한 삶과 근검', 그는 평생 이를 실천하여 자신의 몸을 살아 있는 교재로 남겼다.

〈계자서〉 제갈량이 아들 제갈첨에게 남긴 〈계자서〉는 오늘날 중국 곳곳에 내걸려 교육적 영향력을 유감없이 발휘하고 있다.

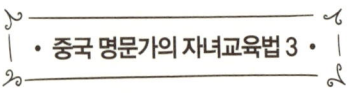

약속신뢰

: 약속과 신뢰는 평생의 밑천이다 :

춘추시대 신의에 얽힌 다음과 같은 소중한 일화가 있다. 진나라 문공이 원나라를 공격하러 가면서, 부하들에게 열흘 안에 원 땅을 정복하기로 약속하며 열흘 치 식량을 준비해 출정했다. 하지만 그는 원 땅에 이른 지 열흘이 다 가도록 성을 함락시키지 못했다. 이에 문공은 퇴각을 알리는 징을 울리려 했다.

이때 성안에서 나온 병사가 알렸다.

"성안에는 식량도 바닥이 나고 병사들도 지쳐 있으므로 사흘이면 저절로 함락될 것입니다."

신하와 장수들이 며칠만 더 기다리면 적이 항복해올 것이니 퇴각을 미루자고 진언했다. 문공은 고개를 흔들며 퇴각을 명령했다.

"나는 병사들과 열흘의 원정 기간을 약속했다. 지금 물러나지 않으면 신의를 잃어버리는 것이다. 원 땅을 얻고 신의를 잃어버리느니 나는 병사들과의 약속을 지키겠다."

이야기를 전해 들은 원 땅 백성들은 "저렇게 신의를 지키는 군주가 있다면 어찌 귀의하지 않을 수 있겠는가?"라면서 진나라 문공에게 스스로 찾아가 항복했다.

도량과 신의를 가진 문공은 춘추시대 패자霸者로서 진나라를 강대국으로 자리잡는 데 큰 공을 세운 인물이다.

"말에는 믿음이 있어야 하고, 행동에는 결과가 있어야 한다."(공자)

아이에게 부모의 약속은 이 세상 무엇보다 소중하다. 상당 기간 자신의 생활 전반을 부모에게 기댈 수밖에 없는 아이에게 부모의 존재는 절대적이다. 그렇기 때문에 어떤 행위에 대한 부모의 허락이나, 필요한 요구 사항에 대한 부모의 약속은 아이의 동기 유발이나 적극적인 행동을 자극하는 중대한 요소로 작용한다.

잦은 약속과 생각 없는 약속 위반, 이러한 현상은 요즘 부모들이 흔히 저지르는 가정교육상의 파탄이다. 아이와의 약속은 신중해야 하며, 또 반드시 지켜야 한다.

증자曾子는 공자의 수제자 가운데 한 사람으로 공자의 사상을 공자의 손자인 자사子思를 가르쳤다. 자사는 다시 맹자孟子를 가르쳐 유가의 정통을 이어 갈 수 있었다. 이 때문에 증자는 '종성宗聖'으로 추앙받고 있다.

증자는 아버지 증점曾點의 영향을 받아 어려서부터 '말에는 믿음이 있어야 하고, 행동에는 결과가 있어야 한다'는 원칙을 잘 지켰다. 자식들을 교육할 때도 이 원칙을 충실하게 지켰다. 증자의 자녀교육에 관해서 다음과 같은 일화가 전해온다.

증자의 아내가 어느 날 시장에 가려고 하는데 아이가 따라가겠다고 떼를 쓰며 울었다. 이에 아내는 집에서 잘 놀고 있으면 돌아와서 돼지고기볶음을 해주겠다고 달랬다. 장보기를 마친 증자의 아내가 집에 돌아와 보니 증자가 서슬이 퍼런 칼을 들고 돼지 잡을 준비를 하고 있는 게 아닌가?

증자의 초상 "하루에 세 번 반성한다(一日三省)."는 증자야말로 유가의 법통이 끊어지지 않게 단단한 고리 역할을 했던 교육자였다. 자식에게 한 평범한 약속을 꼭 지키고자 한 그의 교육관은 스승 공자의 손자인 자사에게 그대로 전수되었다.

깜짝 놀란 아내는 남편을 말리며 말했다.

"아까는 그냥 해본 소린데, 진짜로 돼지를 잡으면 어쩝니까?"

그러자 증자는 무거운 목소리로 꾸짖었다.

"그럼 아이를 속일 작정이오? 어린아이는 부모가 하는 대로 배운다는 걸 모르시오? 이런 식으로 아이에게 믿음을 주지 못하면 앞으로 교육은 더욱 어려워질 것이오. 그러니 이 돼지를 잡아야겠소, 그만두어야겠소?"

부모의 언행은 아이에게 직접 감염된다. 이 교육법은 두 단계로 나누어진다. 우선은 승낙이나 약속이고, 다음 단계는 그에 대한 실천이다. 첫 단계는 말에 속하고, 다음 단계는 행위에 속한다.

이 방법의 주체는 부모이고 자식은 객체다. 부모의 허락이나 약속은 일반적으로 아이가 흥미를 가지는 일이나 사물에 관한 것들이다. 아이의 욕망이나 흥미를 유도하고 자극함으로써 적극적인 행위를 생산하고, 나아가 부모가 의도한 목적을 달성하는 수단이 된다. 아이는 부모가 약속을 지키는 것을 보고 깊은 인상을 받게 되고 부모의 행동을 따라하기 시작한다.

전문가들은 이 교육법을 응용할 때는 다음 네 가지 사항을 파악하고 있어야 한다고 강조한다.

첫째, 승낙하거나 약속한 일과 물건이 아이의 흥미를 끌 수 있어야 하고, 아이에 대해 유혹으로 작용하는 힘이 있어야 한다.

둘째, 허락하거나 약속한 일이나 물건이 아이의 건강과 성장에 유리한, 말하자면 긍정적인 영향력을 갖추고 있어야 한다. 아이의 성적이 오르면 온종일 게임을 할 수 있게 해주겠다는 따위의 약속은 결코 해서는 안 된다.

셋째, 승낙하거나 약속한 것이 실현 가능한 실제에 부합하는 것이어야지, 허무맹랑하거나 도저히 실현할 수 없는 것이어서는 안 된다.

넷째, 일단 약속을 했으면 반드시 지켜야지 공수표를 날려서는 안 된다.

계찰季札은 춘추시대 오나라 왕 수몽壽夢의 막내아들로 어질고 유능하기로 천하에 이름을 떨쳤다. 음악에도 조예가 깊어 각국의 음악에 정통했다고 한다. 오나라의 정신적 지주로서 조정과 백성들의 존중을 한 몸에 받았던 명사이기도 했다.

기원전 550년 무렵 계찰은 노魯나라와 진晉나라에 사신으로 파견되어 가는 길에 서徐라고 하는 작은 나라를 지나게 되었다. 서의 국군은 계찰이 차고 있는 검이 마음에 쏙 들었으나 차마 달라고 할 수가 없었다. 계찰은 그의 마음을 눈치챘지만 큰 나라에 사신으로 가는 신분이라 검을 풀어 그에게 줄 수 없었다. 임무를 마친 계찰이 돌아오는 길에 다시 서나라를 들렀는데 안타깝게 그 사이 국군이 세상을 떠났다. 계찰은 그의 무덤을 찾아 무덤 옆 나무에 자신의 검을 걸어 놓았다. 시종이 죽은 사람에게 검이 무슨 소용이냐고 묻자, 계찰은 "그렇지 않다. 당초 내가 그에게 검을 줄 마음을 먹었다. 그러니 그가 죽었다고 해서 마음을 바꿀 수 있겠는가?"라고 했다.

사마천司馬遷은 이런 계찰을 두고 "연릉계자延陵季子의 어질고 덕성스런 마음과 도의道義의 끝없는 경지를 사모한다. 조그마한 흔적을 보면 곧 사물의 깨끗함과 혼탁함을 알 수 있는 것이다. 어찌 그를 견문이 넓고 학식이 풍부한 군자가 아니라고 하겠는가!"라고 높이 평가했다.

이 고사에서 '계찰이 검을 걸다'라는 '계찰괘검季札掛劍'이라는 성어가 탄생했다. '계찰괘검'은 약속과 신의의 중요성을 나타내는 고사성어다. 특히 마음으로 한 약속이라도 지켜야 한다는 약속의 중요성을 감동적인 고사로 전하고 있다.

말로 내뱉지 않고 마음속으로 한 약속이라도 지켜야 한다는 계찰의 말이 조금은 고지식하게 들리지만, 약속을 헌신짝처럼 내팽개치는

계찰괘검 약속과 신뢰는 동전의 양면이다. 마음속으로 한 약속도 지킨다는 감동적인 고사를 남긴 계찰의 '계찰괘검'을 나타낸 그림이다.

우리 현실에 대한 경종으로 받아들이기에 충분하다.

'일낙천금―諾千金'이라는 사자성어가 있다. '한 번 승낙한 약속이 천금을 나간다'는 뜻으로 약속의 중요성과 그 값어치를 잘 지적하고 있는 성어다. 말과 약속의 값이 값이랄 것도 없이 떨어진 현대사회에서 말과 약속 그리고 그 실천의 중요성은 그 떨어진 가치만큼 커지고 있다.

약속과 신뢰는 사회를 지탱하는 가장 기본적인 가치 개념이자, 실천 덕목이다. 언약言約이라는 단어를 새삼 앞세워야 할 필요성을 절감한다.

• 중국 명문가의 자녀교육법 4 •

근검양덕

: 재물은 아끼고 덕은 부지런히 키워라 :

사마광은 소위 보수를 자처하는 보수주의자들이 반드시 본받아야 할 진정한 보수의 원조라 할 수 있다. 그는 지혜로웠으며 근검절약을 평생 실천하면서 살았다. 자녀교육에 있어서도 늘 겸손과 검소함을 강조했다. 그는 근검절약이 인간의 덕을 기르는 기초라고 생각했다.

이러한 그의 교육법을 '근검양덕'이라 한다. 가정교육과 관련하여 그가 저술한 《가범家範》은 이 방면의 대표적인 저술로 남아 있다.

사마광이 아들 강에게 보낸 편지는 지금까지도 많은 사람들의 입에 오르내리는 가서의 전형이자, 가정교육의 표본으로 꼽힌다. 사마광은 대체 '근검'을 어떻게 이용하여 아들의 품성을 길러주려 했을까?

다음 몇 가지 측면에서 살펴 볼 수 있다.

첫째, 사마광은 근검은 가풍이니 아이에게 반드시 지켜야 한다는 점을 교육시키고 있다.

둘째, 사마광은 당시 사치를 명예로 여기고 서로 사치하려고 다투던 나쁜 습속에 맞서, 실제 행동으로 나쁜 습속을 막아내서 근검이라는 가풍을 지키라고 교육하고 있다.

셋째, 근검절약의 전통을 지키는 일의 중요성과 필요성을 설명해주고 있다.

이러한 것들을 효과적으로 교육시키기 위해 사마광은 긍정과 부정 두 측면의 역사적 사례들을 들어 근검절약의 중요성을 논증하고

사마광의 초상과 글씨 사마광은 검소에서 사치로 가기는 쉽지만 사치에서 검소로 가기란 어렵다는 점을 잘 인식하고 있었다. 그래서 어릴 때부터 근검을 가르쳐야 한다고 강조했다.

있다.

　오늘날 우리는 물질로 넘쳐나는 세상에 살고 있다. 한 쪽은 사치와 낭비, 다른 한 쪽은 굶주림이라는 극단적 상황에서 갈피를 못 잡고 있다.

　하지만 조금만 차분히 생각해보면, 일방적 물질의 풍요로움이 가져다주는 문제점과 폐단은 어렵지 않게 감지된다. 왜냐하면 지금 내 아이가 그 물질의 풍요로움 속에서 병들어가고 있기 때문이다.

　영혼과 존엄성이 병들고 있다. 인간으로서 갖출 수 있는 고귀한 품성이 물질을 향한 아우성 때문에 뒷걸음을 치고 있다. 인류에 대한 순수한 봉사정신과 자신의 행복한 삶을 맹목적 물질 추구욕에 저당 잡힌 지 오래다. 이런 점에서 옛사람들이 한결같이 강조하고 있는 근검절약과 소박한 생활은 우리가 잃어가고 있는 인간다움을 회복할 수 있게 하는 가장 가까우면서 먼 생명수인지도 모른다.

　<u>"근검절약은 미덕이자, 덕행수양의 기초 조건이다."</u>

　황금 장식이 달린 가마를 타고 싶어 하는 영경 공주에게 송나라의 개국 황제 태조 조광윤趙匡胤은 다음과 같이 충고했다.

　"천하를 다스리는 한 사람만을 위해 온 천하가 나서 떠받들게 해서는 안 된다. 내가 사치에 빠지면 더 많은 사람들이 나를 따라 사치할 것이다. 그렇게 되면 온 백성이 나를 원망하고, 나에게 반대할 것이며, 나에 대해 이러쿵저러쿵 할 것이다."

　근검양덕을 자녀교육의 방법으로 활용하기 위해서는 다음 세 가지

조광윤의 초상 지도자의 솔선수범은 그 자체로 엄청난 교육적 효과를 파생시킨다. 최고 통치자인 제왕으로서 송 태조 조광윤은 여러 모로 통치자의 모범으로 남아 있는데, 근검절약이 덕행수양의 기본이라는 인식은 매우 귀중한 교육법이다.

측면을 고려하면 훨씬 효과적이다.

① 다양한 방법으로 아이가 검소와 소박함의 중요성을 깨달아 차원 높은 정신과 사상을 더욱 중시하게 함으로써, 근검절약 의식을 높인다. 그러기 위해서는 근검절약을 가규로 삼아 아이의 책임의식을 높여야 한다.

또 선조나 부모 세대의 어려웠던 삶을 들려주어 인생이 쉽지 않다는 것을 깨닫게 하여 자신들의 생활을 귀중하게 여기게 만들어야 한다. 구체적으로는 동서고금의 근검절약을 실천하여 성공한 본보기와 호화사치 때문에 패가망신한 사례를 대비시켜가며 교육시키면 효과적이다.

② 아이의 생활과 행동을 늘 세심하게 관찰하여 아이의 생활에서 낭비 같은 현상이 나타나면, 바로 교육하고 비평하여 고치도록 해야

한다.

③ 일상생활에서 늘 아이를 주의해서 이끌고 근검절약하는 습관과 좋은 행동을 기르도록 지도해야 한다. 무엇보다 부모 자신들이 근검절약하고 소박하게 사는 건전한 모습을 보여야 한다.

백성들이 가난해지면 생활고에 시달리고, 생활고를 견디지 못하면 법을 어기는 일들이 많아진다. 이른바 '생계형 범죄'가 늘어나는데, 단순히 남의 것을 훔치거나 빼앗는 것이 아니라, 심하면 남을 해치는 끔찍한 일들까지 발생한다. 그래서 백성들의 소득을 늘릴 수 있는 정책에 대한 담론이 부쩍 늘어나고 있는 것이다.

이와 관련하여 중국 역사상 최고의 정치가이자 경제 전문가였던 춘추시대 관중管仲은 이렇게 말했다.

"나라가 사치하면 비용이 헤프고, 비용이 헤프면 인민이 가난해진다."

그는 위 구절에 이어서 "인민이 가난해지면 간사한 꾀들만 생겨나고, 간사한 꾀들이 횡행하면 교묘하고 사악한 행동들이 난무한다."라고 했는데, 우리 사회가 직면하고 있는 생계형 범죄에 대한 지적으로까지 들린다.

그런데 관자가 여기서 말하는 '나라'란 '통치자'를 가리킨다. 즉, 통치자가 사치하면 그것을 충당할 비용 마련을 위해 세금을 더 거둘 수밖에 없고, 세금이 많아지면 백성은 당연히 가난해진다. 여기에 기득권을 가진 특권층들은 온갖 간교한 방법으로 세금을 피하고 부를 축

관중의 초상 최고 경륜가 관중은 세계 역사상 최초로 '부민부국(富民富國)'을 주장한 경륜가였다. 그는 백성이 부유하게 살려면 나라와 통치자가 근검절약해야 한다고 주장했다.

적하니 백성들은 더 가난해진다.

예로부터 나라 살림 거덜 내기로 말하자면 통치자의 사치와 낭비만 한 것이 없었다. 폭군의 대명사 걸주桀紂를 대변하는 고사성어가 '주지육림酒池肉林' 아니던가?

통치자가 사치하면 그 아랫사람들도 그에 맞추느라 과도하게 비용을 지출한다. 즉, 실질적인 사업이나 정책보다는 의전이나 과시 행정, 보여주기 사업 등 허황된 일에 치중하게 되므로 비용은 더 늘어난다. 국고는 비고, 나라와 백성이 다 가난해진다. 그 사이 권력과 결탁한 파렴치한 기업과 염치를 모르는 지배층은 각종 이익과 이권을 독점하며 자신들의 배를 한껏 채운다. 이런 것들은 다 망국의 조짐들이다.

경제 나발을 불기 전에 근검절약을 몸소 실천하는 것이, 나라 경제와 백성 살림에 걱정과 폐를 덜 끼치는 길이다. 왕조시대에도 가뭄 등

재난이 닥쳐 백성들의 생활이 어려워지면 왕이 자기 먹는 반찬의 가짓수를 줄였다고 하지 않는가? 사치스러운 통치자를 둔 나라치고 잘된 경우는 없었다. 단 한 번도!

송나라 때 신법 개혁파를 대표하는 왕안석王安石의 대립점에 서서 오랫동안 정치적 투쟁을 벌였던 보수파의 대표 주자 사마광은 "법이 문제가 아니라 사람이 문제다."라는 유명한 말을 남겼다.

개혁이든 보수든 법을 바꾼다고 문제가 해결되는 것이 아니라 그 법을 운용하는 사람에게 달려 있다는 지적이다. 교육도 마찬가지다. 사회와 백성들에게 필요한 진정한 가치를 가르치고 실천한다면, 그가 보수든 진보든 그 정당성을 인정받을 것이다. 사마광은 교육관은 다분히 보수적이지만 누구나 지켜야 할 기본적 가치와 행동 원칙을 제시했고, 그 자신이 모범을 보였다.

서양에서도 이와 다르지 않았나보다. 영국의 철학자 존 로크도 이렇게 이야기하고 있다.

"모든 도덕과 가치의 중요한 원칙 및 기초는 한 개인이 자신의 욕망을 극복하는 데 있다. 자신의 경향을 돌아보지 않고 순수하게 이성이 가장 좋다고 여기는 길을 따라야 한다. 욕망이 다른 방향을 가리키고 있더라도 말이다."

| Tips_사마광이 아들에게 보낸 가서 |

검소에서 사치로 가기는 쉬워도, 사치에서 검소로 가기는 어렵다

우리는 본래 가난한 집안이었고 대대로 깨끗함을 물려받았다. 나는 본성이 화려함을 싫어하여 어릴 적 어른들이 금은으로 장식된 호사스러운 옷을 입히려 해도 부끄러움에 얼굴을 붉히며 벗어던지곤 했다. 스무 살 때 다행히 진사에 급제하여 황상께서 베푸신 축하 자리인 '문희연聞喜宴'에 참석해서도 나 혼자만 어사화를 꽂지 않았다. 함께 급제한 친구가 "어사화는 황상께서 내리신 것이라 꽂지 않을 수 없다."라고 하여 하는 수 없이 한 송이 꽂았다.

평소에 입는 옷은 추위만 막으면 그만이고, 음식도 배만 채우면 그만이지만 일부러 더럽고 해어진 옷을 입어 풍속을 어겨가며 명예를 구할 수는 없고 그저 내 본성에 따를 뿐이다.

일반인들은 모두 사치를 영광으로 생각하지만 내 마음에는 근검절약과 소박이 미덕이다. 사람들은 모두 내가 완고하고 막혀 있다고 비웃지만 나는 그것이 결점이라고 생각하지 않는다. 나는 그들에게 이렇게 대답했다.

"공자께서는 사치스러우면서 불손한 것보다는 차라리 검소하고 절약하면서 고루한 것이 낫다고 하셨다. 또 근검절약하면서 잘못을 범하는 사람은 아주 적다는 말씀도 하셨고, 뜻을 세워 진리를 추구하는 지식인이 자신이 먹고 입는 것이 남보다 형편없다고 부끄럽게 여긴다면, 이런 사람은 진리를 논할 가치가 없다는 말씀도 하셨다."

고인들은 근검절약을 미덕으로 여겼는데 지금 사람들은 어찌된 일인지 근검절약을 가지고 서로를 조롱한다. 오호, 정말 기이한 일이로다!

장문절장지백이 재상이 된 다음에도 그 생활이 하남 판관을 지낼 때와 달라진 것이 없자, 가까운 사람들이 이렇게 말했다.

"지금 받는 녹봉이 적지 않을 텐데 어찌 이렇게 궁색하게 사시는가? 자신은 절약하며 청렴하게 산다고 생각할지 모르지만 밖에서 보는 많은 사람들이 당신을 비웃고 있소. 마치 한 왕조의 승상 공손홍이 위선적으로 거친 솜이불을 덮고 잔 것과 같다고 말이오."

이에 장문절은 한숨을 쉬면서 이렇게 대답했다.

"지금 나의 녹봉이라면 얼마든지 온 집안 식구들이 비단옷을 해 입고 맛난 음식을 먹을 수는 있지요. 하지만 인간은 근검절약에서 호화사치로 흐르기는 쉬워도, 호화사치에서 근검절약으로 가기는 여간 어렵지 않지요. 지금의 내 녹봉이 영원하리라는 보장이 어디 있단 말이오? 또 내가 영원히 살 수 있겠소? 일단 지금부터 달라져 집안사람들이 호화사치에 오래도록 물들면 바로 근검절약으로 바뀔 수 없어 어찌 해야 할지 모르게 되지요. 내가 관직생활을 하든 하지 않든, 살아 있든 죽든 생활은 한결같아야 하지 않겠소?"

아! 큰 사람들의 이렇듯 깊은 뜻을 어찌 평범한 사람들이 따르리!

춘추시대의 대부 어손은 이렇게 말한 바 있다.

"근검절약은 덕행의 공통된 근본이요, 사치는 죄악 중에서 가장 큰 죄악이다."

덕을 행하는 사람은 누구나 근검절약을 통해 배출된다는 뜻이다. 근검절약할 수 있으면 욕망은 적어진다. 자리에 있는 사람이 욕망을 줄이면 물질적 지배를 받지 않게 되고 정도에 따라 일을 처리할 수 있다.

보통 사람이 욕망을 줄이면 삼가 인간으로 할 도리를 하게 되고 죄와 벌로부터 멀어져 집안의 법도가 돈독해진다. 그래서 근검절약은 덕행의 공통된 근본이라고 한 것이다. 사치와 욕망이 커지면 자리에 있는 사람은 부귀를 탐하여 바른 길은 팽개친 채 오로지 옆길로만 달려가 끝내는 화를 초래한다.

보통 사람이 사치와 욕망에 빠지면 재물을 탐내고 마구 낭비하여 패가망신하고, 심하면 목숨까지 잃게 된다. 관리들은 뇌물을 받지 않을 수 없게 되고 보통 사람들은 향리에서 도적질을 하기에 이른다. 그래서 사치는 죄악 중에서 가장 큰 죄악이라고 한 것이다.

옛날 춘추시대 송나라 종실의 정고보는 죽 따위와 같은 보잘것없는 음식을 먹으며 살았다. 이 때문에 노나라 대부 맹희자는 정보고 후대에 틀림없이 사리에 통달한 현인이 배출할 것임을 알았다.

춘추시대 노나라 대부 계문자는 세 명의 주군을 모시며 재상을 지냈지만, 처첩들은 비단옷을 입지 않았고 말에게도 좋은 먹이를 먹이지 않았다. 군자들은 너나할 것 없이 그를 국가에 충성스러운 인물이라고 칭찬했다.

춘추시대 제나라 재상 관중은 꽃무늬가 있는 그릇을 사용하고, 화려한 치장을 한 관을 쓰고, 집의 기둥에다가는 산 모양의 도안을 조각했으며, 대들보 기둥에도 갖가지 문양을 조각했다. 이 때문에 공자는 관중의 도량이 작다고 비판했다.

춘추시대 위나라 대부 공숙문자가 위 영공을 초청해 술자리를 베풀었을 때, 사소는 장차 공숙문자에게 화가 닥칠 것을 예견했다. 공숙문자의 아들 수에 이르러 아니나 다를까, 그 집안이 너무 부유하다는 명목으로 죄를 얻고 도망쳤다.

서진 초기 태위를 지낸 하증은 매일 식사 비용으로 1만 전을 썼는데 그 자손에 이르러 지나친 교만과 사치로 패가망신했다.

석숭의 사치도 도를 지나쳐 끝내는 형장의 이슬로 사라졌다.

최근에는 구래공 구준의 생활이 타의추종을 불허할 정도로 호화사치판이었는데, 그의 공로가 너무 커서 사람들이 감히 비판하지 못했다. 자손들까지 이런 습성을 물려받았고 지금은 대부분 아주 가난하게 살고 있다.

이밖에 근검절약으로 아름다운 명성을 남긴 사람이나 호화사치로 패가망신한 사람들은 그 수를 헤아릴 수 없을 정도로 많지만, 몇 가지 본보기만 들어 너에게 일러둔다. 절실한 마음으로 몸소 실천해야 할 뿐만 아니라, 네 자손들에게도 훈계하여 선조들의 근검절약한 가풍을 잊지 않도록 해야 할 것이다.

> **사마광(司馬光, 1019~1086 / 68세)**
>
> 　북송시대의 대신이자 사학자로 자는 군실君實, 호는 우수迂叟이고 세상에서는 흔히들 속수涑水 선생이라 불렀다. 보수주의자의 대부 격인 사마광은 진정한 보수의 전형이다. 그는 "법이 아니라 사람이 문제다."라는 말로 정치판에 있어서 개혁과 보수 모두가 안고 있는 모순을 간파했다.
>
> 　그의 대표적인 역사서인 《자치통감》은 모두 494권으로 위로는 주 위열왕 23년기원전 403부터 후주 세종 현덕 6년959에 이르기까지의 무려 1,360여 년의 역사를 17사 외에 야사, 문집 등 20여 종의 전적을 참조하여 완성한 방대한 저술이다. 책은 전체적으로 사건의 경위를 기초로 하여 사실이 계통적으로 완비되어 있어 역대 봉건 통치자들이 귀감으로 삼았다.
>
> 　이 편지는 사마광이 검소라는 덕목으로 자식을 훈계한 글이다. 이 글에서 사마광은 검약을 실천한 현인들의 사례 및 새겨들어야 할 명언들을 인용해가며 사치를 경계하고 절약에 힘쓰라고 격려한다. 동시에 남에게 보이기 위한 위선적 근검절약과는 확실히 경계를 긋고 주의하여 단속하라고 말한다.
>
> 　특히 사마광은 사치를 가장 큰 죄악으로 꼽고 있는데, 이는 호화사치가 나라까지 망칠 수 있음을 잘 알고 있었기 때문이다.

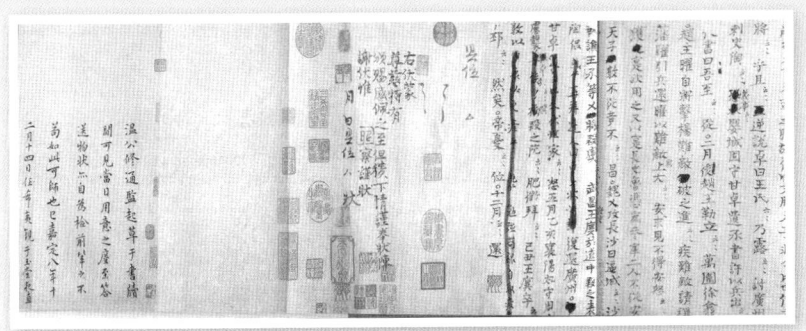

────── **《자치통감》** 사마광의 생애는 제왕학의 교과서로 불리는 《자치통감》에 농축되었다고
해도 과언이 아니다. 사마광이 편찬한 《자치통감》 원고본이다.

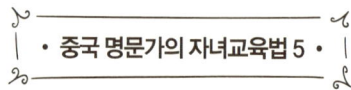

의문제기

: 크게 의심하면 크게 진보한다 :

근대 중국의 훌륭한 교육가인 도행지陶行知는 '행지', 말 그대로 '아는 것을 행한다'라는 이름대로 필생 교육사업을 통해 자신이 아는 것을 실천에 옮겼다. 그가 실천하고 제시한 자녀교육법은 지금도 배울 만한 가치가 매우 크다.

도행지는 사물과 인간에 대해 끊임없이 의심을 품고 질문하라고 자식을 교육했다. '이것이 무엇일까?' 하는 질문이 성공의 어머니라고 말하는 과학자도 있다. '왜?'는 의문점을 발견하고 던지는 질문으로 모든 교육의 근본이나 마찬가지다.

맹자는 "책을 전부 믿느니 차라리 책이 없는 것이 낫다."라고 일갈

—————— **도행지의 초상과 무덤 앞 패방** 중국 근대교육의 선구자 도행지의 무덤 앞 패방의 두 기둥에는 이런 글이 있다. '천 번 만 번 가르치더라도 진실을 배우도록 가르치고, 천 번 만 번 배우더라도 진정한 인간이 되도록 배워라!'

했다. 맹목적인 주입식교육과 암기식교육에 대한 예리한 비판이다. 의문 없고 질문 없는 교육은 죽은 교육이나 마찬가지다. 의문과 질문은 교육의 꽃이다. 의문과 질문의 중요성은 예로부터 지적되어 왔다.

송나라 때의 유명한 학자 장재張載는 이렇게 말했다.

"배우면 의심이 생기기 마련이다."

그가 보기에 공부하는 과정에서 의문점과 의혹이 생기는 것은 아주 정상이라는 것이다.

또 주희는 "배움에는 의심을 품는 것이 귀중하다. 작게 의심하면 작게 진보하고, 크게 의심하면 크게 진보하며 의심하지 않으면 진보하지 않는다."라고 했다. 명나라 때 사람 진헌장陳獻章은 "배움은 생각에서 시작되고, 생각은 의심에서 기원한다."라고 했다.

이렇게 의문을 갖고 질문을 제기하는 교육법을 '의문제기'라 한다. 이 교육법에서 관건은 교육자가 아이들을 교육하면서 의문을 갖게

진헌장의 초상 배움, 생각, 의심의 관계는 한 몸이다. 진헌장은 이 점을 간결하면서 정확하게 지적했다.

하는 단계와 제대로 질문을 하게 하는 두 단계에 대한 명확한 인식과 준비에 있다.

즉, 아이들이 의문이나 의혹을 가질 만한 문제를 사전에 준비해놓고 있어야 한다. 아울러 질문 자체가 정확하게 이루어질 수 있도록 의문 설정 자체가 치밀해야 한다. <u>책 100페이지를 죄다 외우는 것보다 가치 있는 문제 하나를 제기하는 것이 훨씬 낫다는 이야기다.</u>

동시에 질문을 제기하는 대상이 피교육자, 즉 우리의 아이들임을 명심해야 한다. 질문을 유도하는 것도 중요하지만, 아이들이 늘 질문과 함께 생활할 수 있는 조건과 환경을 만들어주는 일이 더욱 중요하다. 또 이른바 질문 자체에 대한 인식도 바꾸어야 한다.

흔히들 질문은 다른 사람에게 하는 것으로 알고 있지만 청화 대학의 조방웅趙訪熊 교수는 이에 찬성하지 않는다. 그는 이렇게 말한다.

"공부하면서 자기 두뇌를 움직이길 좋아하지 않는 사람들이 있다. 책을 한 번 보고 이해하길 바란다. 또는 영화나 TV처럼 머리를 쓰지 않아도 이해되는 것에만 흥미를 갖는 사람도 있다. 이런 식의 공부는 안 된다. 학문이란 말 그대로 묻는 것을 배우는 것이다. 누구에게 묻느냐? 다름 아닌 자신에게 먼저 물어야 한다. 남에게 묻는 것은 남의 머리를 움직이는 것에 지나지 않는다. 자신에게 많이 물어야 한다. 그러고도 방법이 없을 때, 다른 사람에게 가르침을 청하는 것이다. 우리는 젊은이들을 이런 쪽으로 이끌어야 한다. 자습이란 자기가 배우는 것, 자기가 묻고 자기가 답하는 것이다."

생각하길 좋아해야 좋은 질문이 나오기 마련이다. 생각하길 좋아하는 기초가 있어야만 질문이 더 나은 효과를 얻을 수 있다. 늘 자신에게 문제를 제기하고, '왜'라는 의문을 던질 때, 더욱 정확한 답을 찾을 수 있다. 이렇게 할 때야 비로소 자신도 모르는 사이에 지식이 넓어지고 이해의 정도도 깊어진다.

자신의 뇌를 움직이지 않는 질문은 맹목적인 질문이나 마찬가지다. 이런 질문으로는 결코 이해가 깊어질 수 없다. '의문제기'는 무조건적인 질문과 맹목적인 질문 유도가 갖는 함정에 유의할 때, 더 큰 교육적 효과를 볼 수 있다. 그래서 위대한 역사가 사마천은 '깊게 생각하라'는 '심사深思'를 강조했던 것이다.

"학문을 함에 있어서는 의문이 없는 것을 걱정해야 한다. 의문을 품으면 진보한다. 작게 의문을 품으면 작게 진보하고, 크게 의문을 품으면 크게 진보한다."

남송시대의 대사상가이자, '육왕학파陸王學派'와 '양명학陽明學'을 탄생시킨 육구연의 말이다. 이 말의 표현을 조금 달리하자면 "공부에 의심이 없으면 문제다. 의심하면 진보한다. 작게 의심하면 작게, 크게 의심하면 크게 진보한다." 정도가 될 것 같다.

'의疑'에는 '의문', '의심', '의혹' 등이 모두 포함된다. 당연히 '질문'도 그 범주에 들어갈 터다. 의심 없는 학문은 죽은 학문이고, 의문 없는 창조란 없다.

육구연과 같은 시대를 살면서 치열한 논쟁까지 벌였던 주희도 거의 비슷한 말을 남겼다(누가 먼저 이런 말을 남겼는지는 분명치 않고 또 중요하지도 않다).

"배움에는 의심 품기가 귀중하다. 작게 의심하면 작게 진보하고, 크게 의심하면 크게 진보하며 의심하지 않으면 진보란 없다."

육구연은 열세 살 때, 우주의 원리에 대해 직관적으로 깨닫고 "우주가 곧 내 마음이요, 내 마음이 곧 우주다."라고 외쳤다. 청소년 시절에는 금나라에 당한 수모를 갚기 위해 손톱을 자르고 말타기와 활쏘기에 전념했고, 청년이 되면서는 개혁정치에 대한 신념을 키웠다.

당대 최고의 지식인이자 사상가였던 주희와 두 차례에 걸쳐 치열한 사상논쟁을 벌이기도 했다. 이 논쟁은 말 그대로 두 사상의 핵폭탄이 충돌한 사건이었고, 중국은 물론 동양 사상계와 정신계가 두고두고 그 여진에 시달리지 않을 수 없었다는 평가를 받고 있다. 하지만 이 논쟁은 서로를 자극하고 영향을 준 대단히 유익한 논쟁이자, 아름다운 만남이기도 했다.

육구연은 과거에 낙방한 다음, "나는 과거를 치른 다음 성공이나 실패를 염두에 둔 적은 없다. 그저 내 가슴속의 생각을 솔직하게 답안지에 적고 나왔을 뿐이다."라며 담담해했다. 그는 길을 아는 것이 어려운 것이 아니라 실천이 어렵다고 지적하면서, 옳은 길을 실천하는 것은 자신의 공부에서 비롯되지 남이 대신할 수 있는 것이 아니라는 점을 명쾌하게 갈파한다. 그러면서 당시 사이비 지식인들에 대해 이렇게 일갈했다.

"지식인이 지식의 극한까지 이르지 못한 지 벌써 오래되었다. 그들

육구연의 초상 제대로 된 공부의 시작은 의문 품기부터다. 공부에 있어서 의문 품기가 얼마나 중요한가를 잘 지적한 육구연은 언행일치를 중시하는 '양명학'의 시조가 되었다.

의 뜻과 식견이 1,500년 동안 그 시대를 풍미한 명인을 뛰어넘지 못한다면, 사서삼경 같은 저작들은 과거만 알고 현재는 모르는 세상사에 몽매한 것과 다름이 없다. 이렇게 되면 유종원柳宗元이 말한 바와 같이 사단事端이나 일으키길 좋아하는 자들이 문장이나 꾸며서 세상에 자신을 과시하여 명성을 얻으려는 짓만 남게 될 것이다."

• 중국 명문가의 자녀교육법 6 •

인격조성

: 쇠를 두드리려면 자신이 먼저 단단해져야 한다 :

원나라 때의 유명한 학자였던 허형許衡은 젊어서부터 고상한 품성과 인격으로 이름을 떨쳤다. 농민의 아들로 태어난 허형은 자신이 직접 농사를 지어 생계를 유지하는 어려운 생활 속에서도 자신의 인격 수양을 게을리하지 않았다. 부친 허통許通은 어린 허형의 총명함을 알고, 생활비를 아껴서 아들이 제대로 공부할 수 있게 했다. 허형이 일곱 살 때, 부모는 스승을 청하여 그에게 글공부를 가르치도록 했다. 그때 허형은 스승에 이렇게 물었다.

"독서는 무엇 때문에 하는 것입니까?"

스승이 대답했다.

"장래에 과거를 보아 진사 벼슬을 할 수 있다."

이에 허형은 진지하게 이렇게 또 물었다.

"설마 단지 과거 급제만을 위한 것입니까?"

스승은 허형의 질문을 받고 놀라면서도 기특하게 여겼다. 허형의 젊은 날 인품을 알려주는 다음과 같은 일화도 전한다.

허형이 살았던 시대는 원나라와 금나라가 하루도 쉴 날 없이 전쟁을 하던 혼란기였다. 어느 해 여름, 허형은 여러 사람들과 같이 하양 지방으로 가고 있었다. 날씨는 무덥고 물은 떨어져 모두들 목이 말라 쩔쩔 매고 있었다. 그러던 중 길가의 배나무를 발견하게 되었고 사람들은 서로 달려가 배를 따서 먹었다.

하지만 허형은 태연하게 나무 밑에 앉아 있었다. 사람들은 목이 마른데 왜 배를 따먹지 않느냐고 물었다. 허형은 내 것이 아닌데 가지는 것은 안 될 일이라고 했다. 그러자 사람들은 "지금 같은 난세에 배나무에 주인이 어디 있소?"라며 허형을 비웃었다. 이에 허형은 이렇게 대답했다.

"배나무에 주인이 없다고 해서 내 마음도 주인이 없단 말이오?"

이렇듯 고상한 성품을 가진 허형은 자식의 인격교육에도 몹시 주의를 기울였다. 그는 자식들을 훈계한 시를 남기기도 했다. 허형의 교육을 받은 자식들은 마당에 과일이 주렁주렁 달려도 누구 하나 함부로 따 먹지 않을 정도로 곧은 인격을 가진 인물로 성장했고, 훗날 모두들 높은 벼슬과 남다른 인품으로 나라 안팎에 큰 명성을 떨쳐《원

―――― **허형의 초상과 묘** 교육은 '얼굴 없는 인격체'다. 교육에서 참다운 인격조성을 위한 '솔선수범'을 왜 그토록 강조하는지 허형의 고사는 잘 보여준다. "배나무에 주인이 없다고, 내 마음도 주인이 없단 말인가?"

사元史》에 그 이름을 남겼다.

《원사》는 허형의 자녀교육을 두고 이런 글로 칭찬을 아끼지 않았다.

"그 집안에 대한 교육이 이와 같았다."

허형은 몽고족의 원나라가 한족을 지배하던 원나라시대에 살았다. 당시는 몽고족과 한족의 갈등이 극심했다. 한족에 대한 차별이 중국 역사상 가장 지독했던 시기이기도 했다. 따라서 두 민족의 갈등과 충돌을 조정할 수 있는 인재가 더욱 필요했다. 이에 원나라 세조世祖 쿠빌라이는 이민족으로서 처음으로 한족을 완전히 정복한 몽골족의 원

쿠빌라이의 초상 원 세조 쿠빌라이는 인격을 강조하는 허형의 인재관을 높이 사서, 그를 요직에 기용하여 몽고족과 한족의 갈등을 크게 완화하고 통치 기반을 다졌다.

왕조에게 있어서, 한족의 동요를 막고 정권을 안정시키기 위해서는 한족 출신의 인재들을 적극 기용할 필요성을 절감했다. 이에 쿠빌라이는 허형과 같은 훌륭한 인품의 한족 출신 인재를 기용했는데, 무엇보다 허형의 '인재관'에 반했기 때문이었다.

허형은 원의 통치자들에게 중원에 대한 통치를 다지고 몽골인에 의한 통치를 유지하려면, 공자와 맹자의 철학과 주자朱子의 성리학을 이용하여 한족 지식인들을 잘 활용해야 한다고 건의했다. 쿠빌라이는 허형의 의견을 받아들여 조정의 의례와 관리들을 위한 제도를 만드는 일에 참여하게 하는 한편 인재 선발을 위한 도움을 요청했다.

이에 허형은 여러 차례 글을 올렸다. 사람을 이해하기도 쉽지 않지만 사람을 등용하는 일은 더욱 힘든 심오한 학문의 경지에 있기 때문에, 인재 기용을 위해서는 명철한 두뇌를 소유해야 한다고 강조했다.

허형은 고위직에 있는 통치자가 아랫사람을 이해하기란 아주 어렵다고 보았다. 사람마다 인성의 차이가 있기 때문에 평범한 사람은 이해하기 쉽지만, 속을 깊이 감추고 있는 사람은 이해하기 힘들다는 것이다. 다시 말해 통치자의 상대는 몇몇이 아니라 많은 사람들이기 때문에 다음과 같은 고충이 있다고 지적했다.

"사람이 적으면 파악하기 쉽지만 많으면 파악하기 힘들다. 때문에 고위층이 하위층을 파악하기는 힘들지만 하위층이 고위층을 파악하기란 쉽다. 이는 필연적 법칙 같은 것이다. 고위직에 있는 사람이 부하를 파악하지 못한 채 관리하려고 할 때, 얼마나 힘들지 상상이 갈 것이다."

그러면서 허형은 이런 예를 들었다.

"송 왕조 때 포증包拯은 명철한 사람이었지만 말단 관리에게 속은 적이 있습니다. 대개 관리가 속임을 당하면 한두 가지 일이 어긋나는 선에서 그치기 때문에 그 영향력이 작지만, 군주는 신료들의 승진과 상벌 심지어는 생사여탈권을 쥐고 있기 때문에 사람을 잘못 기용하여 속임을 당하면 그 위험은 가늠할 수 없을 정도입니다. 또 군주도 좋고 싫음이 있기 때문에 사람을 보거나 기용할 때, 사사로운 감정이 개입하게 되고 이것이 소인배들이 발붙일 기회가 되는 것입니다. 심지어는 좋아하지 않던 것도 좋아하게 만들고, 성내지 않았는 데도 자극하여 성을 내게 하며, 사랑하지 않던 것도 유혹하여 사랑하게 만들고, 미워하지 않던 것도 억지로 미워하게 만듭니다. 이런 상황이라면 기용되는 사람이 반드시 군자라 할 수 없을 것이며, 물러나는 자가 반드시 소인만은 아닐 것입니다."

허형은 이렇듯 소인배는 "갖은 수를 다하여 군주의 마음을 미혹시키고 있다."라고 지적하면서 이러한 기만술은 명군인 요·순조차 감당할 수 없을 것이라고 했다.

또 허형은 현자를 임용하여 자신의 재능을 충분히 발휘하게 하는 것도 쉬운 일이 아니라고 했다. 유능한 인재를 이해하기도 어렵지만, 그에게 자리를 맡겼다고 자신의 능력을 다 발휘할 수 있는 것이 아니라는 말이다.

"군주가 아무리 인재를 이해한다 해도, 군주의 명령이라면 노예가 주인의 말을 따라야 하듯이 인재도 복종할 수밖에 없는 것 아닌가?"

임용한 인재를 노예 부리듯 함부로 대한다면 유능한 인재가 그를 위해 힘을 기울이지 않을 것이다. 따라서 사람을 잘 이해하는 것 외에 인재를 알고 기용할 때는 예의로 대하고 신용을 지켜야만, 인재가 진정 자신의 재능을 발휘할 수 있는 것이다.

허형은 사람을 알기 쉽지 않다는 점과 사람을 쓰는 일은 더욱 힘들다는 점으로부터 출발하여 어떻게 사람을 알고 기용하는가에 대한 이치를 설명하고 있는데, 깊은 사유와 실천에서 비롯된 높은 식견을 보여주었다. 그랬기 때문에 원 세조 쿠빌라이가 인재를 기용하는 데 큰 영향을 주었음은 물론 후대 인재론에도 귀감이 될 수 있었던 것이다.

요컨대 허형은 나라는 통치자와 그를 돕는 인재에 의해 좌우되는 바 가장 중요한 것은 통치자와 인재의 인격에 달려 있다는 점을 인재관을 통해 분명히 밝힌 것이다. 쿠빌라이가 원나라 정권을 빠른 시일에 안정시킬 수 있었던 것은 허형의 이 같은 조력이 크게 작용했기 때문이다.

교육적 차원에서 허형의 교육법을 간단하게 말하면 '인격조성'이다. 이 방법은 아이의 도덕적 품성에 대한 교육이다. **인격의 수양은 간단히 말해 '수신修身'이다. 한 개인의 인격 수양은 대단히 중요한 의미를 갖는다. 그 개인이 사회의 구성원이 되어 사회 전체에 영향을 미치기 때문이다.**

현대사회에서 도덕적 품성을 기르는 교육 내용으로는 크게 다섯 가지 정도가 있다고들 한다. 덕을 기르는 덕육德育, 지혜를 기르는 지육智育, 건강한 신체를 기르는 체육體育, 미적인 감각을 기르는 미육美育 그리고 건전한 노동관을 기르는 노동교육이다. 이중에서 가장 근간이 되는 것은 뭐니 해도 덕육이다.

그렇다면 부모는 가정에서 아이의 고상한 품성을 어떻게 길러 줄 것인가?

이에 대해 전문가들은 대체로 다음 네 가지 방법을 통해 아이의 품성을 바르게 기를 수 있다고 충고한다.

첫째, 부모는 자신의 인격으로 아이에게 영향을 주고 감동을 줄 수 있어야 한다. 쇠를 두드리려면 자신이 먼저 단단해져야 한다는 말이다.

　둘째, 아이와 가까이 앉아 얼굴을 맞댄 채 간곡하게 아이를 교육시켜야 한다.

　셋째, 아이가 위대한 인격을 숭배하고 배울 수 있도록 적극적으로 이끌고 격려해야 한다. 심리학자들은 청소년 시기가 품격이 형성되는 단계이자, 숭배의 열정도 가장 강한 때라고 말한다. 부모는 여러 경로를 통해 위대한 인격자들을 소개하여 아이가 이런 존재를 숭배하고 본받도록 자극해야 한다. 고사를 통해 위대한 인격자들의 이야기를 상세히 소개하는 것도 한 방법이고, 좋은 책을 소개하는 것도 좋은 방법이다.

　넷째, 적절한 도덕적 규범과 행위 규범으로 아이의 행위를 단속해야 한다. 역사상 유익한 가훈이나 가규를 일러주어 그 정수를 흡수하게 하는 것도 한 방법이고, 나름대로 가규나 가훈을 만들어 교육시키는 것도 좋다.

| Tips_왕수인이 동생들에게 보낸 가서 |

습관이 뿌리를 내리면
고치기가 힘들다

모든 사람의 본래 마음은 태양처럼 밝고 맑아 잘못을 하고도 스스로 모르지는 않는다. 다만 잘못을 고치지 못하면 어쩌나 이것을 두려워할 뿐이다. 잘못을 고쳐야겠다는 생각이 드는 순간, 깨끗한 본성을 회복하는 것이다. 누군들 잘못하지 않을 수 있겠는가?

잘못을 고칠 수 있다는 것이 가장 귀중하다. 거백옥 같은 큰 현인조차 "나 자신의 잘못을 줄이려 하지만 늘 그렇게 못하는 것을 느낀다."라고 하지 않았던가. 상나라 탕왕이나 공자 같은 성인들도 "잘못을 고치는 데 터럭만큼도 인색하지 말아야 큰 잘못을 저지르지 않을 수 있다."라고 했다.

사람들은 너나할 것 없이 "보통 사람이 요·순 같은 성인들처럼 잘못을 하지 않을 수 없지는 않은가."라고 말한다. 이런 말은 너도 하고 나도 하고 해서 그냥 계속 이어져 내려왔을 뿐이지, 요·순의 마음을 정확하게 알고 한 말이라 할 수 없다. 요·순의 마음속에 정말이지 '우리들은 잘못이 없다' 이런 생각이 들어있다면 성인이라 할 수 없다.

순은 일찍이 대우에게 "사람의 마음은 위태롭기만 하고, 도를 지키려는 마음은 지극히 미미한 것이니, 오로지 정성을 다하고 마음을 통일하여 진실로 그 중심과 바름을 지켜야합니다."라고 했다. 대우는 사람의 마음은 의심과 위기감 등으로 불안하다고 여겼으니, 그의 마음 역시 보통 사람과 다를 바가 없었던 것이다.

그런 마음이 실수를 저지르게 하니, 오로지 근신하고 조심하면서 정성으로 공부해야만 중심을 바로잡아 잘못을 피할 수 있다는 말이다.

옛 성현들은 늘 자신의 잘못을 고쳤기 때문에 잘못이 없는 것처럼 보일 뿐 그들의 마음이 보통 사람과 다른 것은 절대 아니었다. 그들은 늘 근신하고 두려워하며 확실하게 잘못을 고치고 자신을 새롭게 했기 때문에 잘못이 보이지 않고 결점을 들을 수 없었을 뿐이다.

이는 수시로 자기 잘못을 점검한 효과다. 나는 최근 '잘못을 고치는 일'의 장점을 확실하게 보았다. 다만 나쁜 습관에 너무 깊게 물들어 바꾸기 어렵고, 게다가 결점을 고치겠다는 결심이 모자라기 때문에 힘들 뿐이다. 그래서 지금 동생들에게 간절히 말하는데, 너희들은 나처럼 되지 않도록 해라. 습관이 뿌리를 내리면 고치기 힘들다.

보통 사람들은 젊었을 때, 정신과 의지가 충만하고 자신과 가정에 대한 부담도 절박하지 않기 때문에 노력하기가 비교적 쉽다. 하지만 성장하면서 세속에 대한 걱정이 점점 늘어 정신과 의지도 약해진다. 이때 만약 분발하여 공부에 힘을 쓴다면 그래도 뭔가 해낼 수 있다.

하지만 나이 40~50이 되면 서산으로 지는 해처럼 서서히 힘없이 사라져 더 이상 만회하기 어렵다. 그래서 공자는 "사람이 40~50이 되도록 이룬 것이 없으면 존경받을 가치가 없다."라고 했던 것이다. 또 "늙으면 혈기가 쇠퇴하니 욕심 부리지 않도록 경계해야 한다."라고도 했다.

내가 요즘 이런 걱정들을 확실히 실감하고 있다. 그래서 먼저 동생들에게 간절히 전하는 것이다. 일찌감치 노력해야지 늙어서 괜스레 속상해하고 슬퍼하지 않도록 말이다.

왕수인(王守仁, 1472~1528 / 54세)

명 왕조의 이학자로 어릴 때 이름은 운雲이었으나 다섯 살 때 수인으로 고쳤다. 자는 백안伯安이고 여요지금의 절강성 여요 사람이다. 고향의 양명동이라는 곳에 집을 짓고 학술을 강론했기 때문에, 세상 사람들은 흔히들 그를 가리켜 '양명 선생'이라 불렀다. 그가 제창한 새로운 철학파를 '양명학'이라 부른다.

자신의 잘못을 알고 고쳐야겠다는 마음을 먹는 순간, 인간이 타고난 깨끗한 본성을 회복한 것이라고 말하는 왕수인은 인간에 대한 무한한 신뢰를 바탕으로 마음이 천지만물의 주인임을 천명한 '심학心學'을 제창했다.

그는 평생 두 가지 자부심을 갖고 살았다. 하나는 한때 백성을 괴롭히는 산중의 도적을 무찌른 것이고, 또 하나는 자기 마음의 도적을 처부순 것이라 했다. 교육가로서 왕수인의 진면목은 그의 아동교육관에서 잘 드러난다. 그의 아동교육관은 대단히 근대적이다. 그는 교육은 아동의 성격에 맞아야 하고,

아동의 심리에 맞아야 하며, 아동의 학습 흥미에 주의해야 한다는 점을 강조했다.

특정한 틀에 아동을 구속하지 말고 개성과 학습 능력에 따라 가르쳐야 한다면서, 아동교육을 나무심기에 비유하고 있다. 아동은 나무와 같고 선생은 나무를 기르는 원예사와 같아, 나무에 적당히 물을 주어야 잘 자라지 너무 물 학습 내용을 많이 주면 나무의 뿌리가 썩는다는 것이다.

—— **왕수인의 초상과 묘** 지행합일(知行合一)을 강조하는 양명학의 창시한 왕수인은 아동교육을 나무심기에 비유했는데, 이는 대단히 현대적인 교육관이 아닐 수 없다.

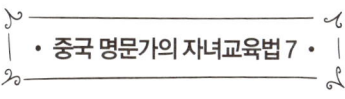

• 중국 명문가의 자녀교육법 7 •

체험교육

: 지식은 머리로, 체험은 가슴으로 전달된다 :

'독만권서讀萬卷書, 행만리로行萬里路.'

'만 권의 책을 읽고 만 리를 여행하라'는 뜻으로 많은 학자들이 비슷한 명언을 남겼다. 오늘날처럼 다양한 형태의 체험교육이 없던 시절, 여행은 부모의 경험과 체험을 지혜롭게 전수하는 교육법과 더불어 최고의 체험교육으로 권장되었다.

위대한 역사학자 사마천은 스무 살 무렵, 아버지의 권유로 2~3년에 걸쳐 천하를 여행하며 역사학자로서의 자질을 닦았다. 그리고 그때의 체험, 즉 견문見聞과 수집한 자료는 훗날 절대 역사서《사기史記》를 다른 역사서와는 전혀 다른 차원으로 끌어올리는 데 결정적인 역

사마천 사마천의 스무 살 때의 여행은 《사기》를 전혀 다른 차원으로 역사서로 끌어올리는 데 결정적인 작용을 했다. 사마천의 스무 살 여행을 그린 그림이다.

할을 했다.

체험학습 내지 체험교육의 대표적인 사례로 사마천의 여행이 갖는 의미를 좀 더 살펴보면 이렇다.

사마천은 역사가 집안에서 태어나 역사가가 되기 위한 체계적인 훈련을 받았다. 그리고 스무 살 때, 역사의 현장을 확인하고자 하는 대장정에 돌입했다. 즉, 그는 역사가로서의 자질을 도야하기 위한 목적을 갖고 살피고觀(관), 연구하고探(탐), 찾고訪(방), 묻는問(문) 여러 방법을 잘 활용했다. 그래서 알지 못하고 듣지 못한 사료들을 얻고, 각지의 생활 습속을 체험하고, 민간의 생동감 넘치는 언어를 파악하고자 했던 것이다.

서하객의 초상과 글씨 서하객은 체험교육의 본보기다. 서하객은 중국 역사상 전문 여행가의 출현을 알렸는데, 그런 서하객의 뒤에는 아들의 의지를 끝까지 믿고 격려한 어머니가 있었다.

'관'이란 산천, 강하, 호수, 바다, 지형 형세를 실지로 관찰하는 것이다. '탐'은 각지의 경제산물, 풍속민정, 사회 각층의 생활을 연구하는 것이다. '방'은 고적 유물을 찾는 것이다. '문'은 각지의 유로, 유생, 과거 유적지의 사람들에게 가르침을 청해 구두사료, 민간가요 등을 수집하는 것을 말한다.

또 한 사람의 위대한 여행가 서하객徐霞客에게는 그보다 더 위대한 어머니가 있었다. 서하객을 서하객답게 만든 것은 그의 어머니 왕유인王孺人이었다. 어머니는 엄격한 남녀차별과 과거급제만이 남성 출세의 유일한 길이었던 숨 막히는 봉건사회 속에서 살았지만, 보기 드물게 사상이 해방된 여성이었다. 그녀는 아들이 과거에 뜻을 버리고 천하를 주유하겠다는 의지를 이해한 것은 물론, 자신이 직접 나서 집안 살림을 도맡았다.

그러면서 다음과 같은 말로 서하객의 의지를 북돋우었다.

"사나이가 뜻을 천하에 두어야지, 우리에 갇힌 닭과 수레를 끄는 말처럼 집이나 뜰에 얽매어 있어서는 안 된다."

서하객이 22세 무렵 처음 태호太湖로 여행을 떠날 때, 어머니는 행장을 꾸려주면서 특별히 아들을 위해 먼 여행에 필요한 모자인 '원행관遠行冠'을 만들어주었다. 여행에서 돌아오면 어머니는 기쁘고 진지한 태도로 아들의 여행 이야기를 들어주면서 그 뜻을 꺾지 말라고 격려했다.

1624년 어머니는 아들이 자신 때문에 여행길에 오르지 못할까 걱정이 되어서 80이 넘은 고령임에도 불구하고 아들과 함께 형계와 구곡 지방을 유람하기까지 했다. 그러면서 늘 아들을 앞서가면서 건강함을 행동으로 보여주었다. 어머니는 그로부터 2년 뒤 세상을 떠났다. 임종을 앞두고 어머니는 아들에게 "어미가 죽은 다음 효도할 생각은 하지 말라."고 당부했다. 자신의 죽음 때문에 아들이 자신의 일을 그르칠까 걱정이 되었기 때문이다.

어머니 왕유인의 넓은 가슴과 앞날을 내다보는 식견이 없었더라면 서하객의 성취는 없었을 것이다. 그랬다면 중국 역사상 가장 걸출한 여행가이자 지리학자도 없었을 것이고, '천고기서千古奇書'《서하객유

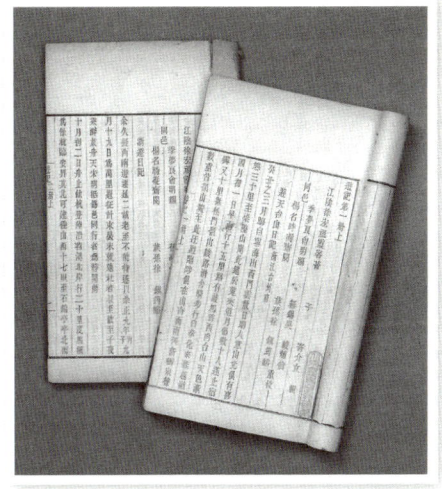

《서하객유기》 《서하객유기》는 본격적인 여행기의 출발일 뿐만 아니라, 서하객의 모든 것이 농축되어 있어 '천고의 기서'로 평가받는다.

기徐霞客遊記》도 없었을 것이다.

사마천으로부터 서하객에 이르기까지 중국 역사상 뛰어난 인물들은 여행을 '의지를 넓히고廣志(광지)', '듣는 것을 늘리고增聞(증문)', '배움을 더하고益學(익학)'의 방법으로 삼아 과학문화에 불후의 공헌을 남겼다. 여행업이 발달한 오늘날에도 사마천의 여행은 체험교육의 모범으로 본 받을만한 가치가 충분하다. 그래서 **역대로 많은 사람들이 여행을 '글자 없는 책'이라는 뜻의 '무자지서無字之書'라고 불렀던 것이다.**

체험교육을 이론적으로나 실질적으로 강조한 위인을 들자면 중국번을 빼놓을 수 없다. 청나라 후기의 관료로 상군의 창립자이자 통수를 지낸 증국번이 자식들을 위해 남긴 가서家書는 그 양의 방대함과 치밀함으로 전통적 가정교육의 교과서라는 평가를 받고 있을 뿐만 아니라 처세서의 모범으로도 꼽힌다.

증국번은 청나라 후기의 혼란기를 노련한 처세와 경륜으로 헤쳐나간 인물이었고, 그의 세심한 훈육을 받고 성장한 아들 증기택曾紀澤 역시 외교관으로서 명성을 크게 떨쳤다. 여기에는 증국번의 남다른 처세관과 교육관이 크게 작용했다는 것이 일반적인 평가다.

증국번의 가정교육은 그 당대는 물론 오늘날 오히려 더 관심의 대상이 되고 있다. 그만큼 그의 가정교육과 교육법은 진지하고 다양하며 또 철저했다. 그 결과 또한 대단한 성공을 거두었다. 그래서 그를 '자녀교육의 대가'라고까지 부른다.

그러나 그의 가정교육에서 가장 돋보이는 것은 무엇보다 자식들이 가장인 자신을 모범으로 삼을 수 있도록, 자신의 몸과 마음가짐을 늘 새롭게 했다는 사실이다.

증국번은 자녀들을 교육할 때, 자신이 직접 겪은 경험과 체험을 가지고 교육했다. 이런 교육법을 '체험교육'이라 한다. 증국번의 교육법에서는 다음 세 가지 특징을 확인할 수 있다.

첫째, 자신의 우수한 점과 장점을 이용하여 좋은 측면에서 자기 체험을 전달하여 자식이 이를 본받아 좋은 품성을 기르기를 기대하는 것이다. 이와 관련하여 증국번은 아이들에게 보낸 편지에서 "관직생활 20여 년 동안 나는 관료사회의 좋지 못한 습성에 물들지 않으려고 늘 애를 썼다. 모든 생활에서 소박한 가풍을 지켰고 근검절약했다."

증국번의 초상 자신의 파란만장한 정치 경험과 사회 체험을 정교한 이론으로 남긴 증국번의 문장과 저술은 처세와 가정교육의 모범으로 꼽힌다.

라는 말로 자식들에게 소박하고 검소한 생활과 성품을 강조했다.

둘째, 지난날 힘들었던 경험을 들려줌으로써 자식들이 공부에 게으름을 피우거나 생활에서 나태해지는 것을 경계했다.

셋째, 자신의 결점이나 잘못을 솔직하게 자식들에게 들려주었다. 증국번은 평생 다음 세 가지가 부끄럽다고 자식들에게 고백한 바 있다.

① 공부를 하면서 이것저것 두루 배우기는 했는데 천문학과 수학을 제대로 배우지 못한 것, ② 한 가지 일을 하면 시작은 있는데 끝을 맺지 못한 것, ③ 어렸을 때 글씨 공부를 제대로 하지 않아 글씨에 변화가 심하고 쓰는 속도가 느린 것이다.

오늘날 이 교육법을 사용해보지 않은 부모는 없을 것이다. 왜냐하면 이 방법은 진실성이 강하고, 친화력이 있으며, 구체적이고 생동감이 넘치기 때문이다.

하지만 이 방법을 활용할 때는 요점을 정확하게 파악해야만 교육적 효과를 충분히 발휘할 수 있다. 따라서 이 방법을 사용할 때는 증국번의 예에서도 본 것처럼 아래 세 가지 점에 주의해야 한다.

첫째, 부모 자신이 우수한 점과 장점을 체험 속에 녹여 교육할 수 있어야 한다.

둘째, 부모 자신의 실패한 경험을 교훈으로 들려주면 효과적이다.

셋째, 부모 자신의 결점이나 잘못을 솔직하고 진실하게 들려줄 수 있어야 한다. 특히, 자식에게 "잘못했다."라는 말을 할 수 있는 부모가 되어야 한다.

지식은 머리로 전달되고 체험은 가슴으로 전달된다. 지식교육이 중시되던 시대는 이제 지나갔다. 다양한 체험을 통해 해방된 지식을 자신의 것으로 체화體化시키는 교육이 적극 요구되는 시대다. 그럴수록 부모의 체험을 지혜롭게 전수하는 교육법이 더욱 필요할 것이다.

• 중국 명문가의 자녀교육법 8 •

신체두뇌결합

: 내 몸이 바르면, 행동도 바르게 나타난다 :

앞서 체험교육법을 통해 소개한 증국번이 오늘날까지 많은 사람들의 연구 대상이 되고 있는 가장 큰 이유가 있다. 그것은 바로 그가 정치, 군사, 학문 등에서 큰 업적을 남겼을 뿐만 아니라, 가정을 다스리는 방면에서 남다른 지혜를 발휘했기 때문이다.

그가 가정을 다스리고 자식을 교육시킨 주요한 방법은 대부분 가족들에게 보낸 편지 속에 잘 남아 있다. 앞서 살펴본 체험교육이 있고, 지금 소개하는 신체와 두뇌를 함께 놀리는 신체두뇌결합이라는 교육법도 주목할 만하다. 그중 가장 중요한 것 두 가지만 간략하게 소개한다.

"너희들은 책으로 하는 공부 외에도 집 청소, 책걸상 닦기, 화장실 청소, 풀 뽑기 등과 같은 일도 아주 좋은 공부라는 점을 명심해야 할 것이다. 이것들 중 어느 하나라도 소홀히 해서는 안 된다."

"우리 집은 공부 반, 농사 반이라는 조상들의 옛 전통을 지켜왔다. 관료 냄새가 나지 않도록 행여 조심하도록 해라. 가마에 타지 말 것이며, 사람을 불러 찻물 따르게 하는 일은 하지 않도록 해라. 장작 패고 화장실을 치우는 일 따위는 직접 손으로 해야 할 것이다. 농사일도 때맞추어 직접 해야 한다. 이렇게 근본에 힘을 쓰다보면 나쁜 습관에 물들지 않게 된다. 이 점이 중요하고도 중요하여 이렇게 신신당부한다."

말하자면 증국번은 공부와 노동의 결합을 대단히 중시하고 있는 것이고, 이런 교육법을 '신체두뇌결합'이라 부를 수 있겠다. 오늘날처럼 다양한 방법과 수단으로 운동할 수 있는 여건이 없었던 옛 사람들은 이런 교육법을 대단히 중시했다.

역사가 사마천 같은 경우도 어린 시절 농사와 가축을 기르면서 공부를 했다고 자서전에서 밝히고 있다. 이는 아버지 사마담의 교육 철학과도 관련이 있는 것으로 보인다. 사마담은 자신이 살고 있는 곳, 즉 사마천의 고향인 섬서성 한성시韓城市 서촌徐村에 서원을 열어 아이들을 가르쳤다고 전하는데, 사마천도 이곳에서 공부하면서 농사와 가축치기를 함께 한 것으로 보인다. 사마천 고향 마을 집집에 걸린 편액扁額의 글씨들 중 '경독제耕讀第'가 유독 많이 눈에 띄는 것도 이런 전통의 산물일 것이다.

───── **경독제** 사마천 고향 마을 곳곳에서 볼 수 있는 '경독제', 즉 '농사짓고 글 읽는 집'이라는 뜻의 편액과 '경독'의 청소년기를 보냈던 사마천의 모습을 그린 기록화다.

현대사회에서 많은 부모들이 아이들의 지력교육은 중시하면서 노동교육은 소홀히 한다. 공부성적만 중시하지 노동과 자생력을 기르는 데는 관심을 두지 않는다는 말이다.

지금 수많은 청소년들이 보편적으로 안고 있는 문제를 들라면 이런 것들이다. **자율 능력이 떨어진다, 독립성이 모자란다, 노동을 깔본다, 고생을 원치 않는다, 의지가 약하다 등이다. 이 모든 문제가 아이의 노동교육을 무시한 것과 관계가 있다.**

마르크스는 이렇게 말했다.

"생산노동과 학습을 결합하는 것은 사회생산의 높이는 방법일 뿐만 아니라, 인간을 전면적으로 발전시킬 수 있는 유일한 방법이다."

노동은 인간의 의지를 단련시키며, 정서를 도야하고, 품성을 기르는 데 무엇으로도 대신할 수 없는 대단히 중요한 작용을 한다.

노동이 무엇이냐는 질문에 러시아의 작가 막심 고리키는 이렇게 대답했다.

"나는 무엇이 노동인지 잘 안다. 노동은 세상의 모든 기쁘고 아름다운 일의 원천이다."

'신체두뇌 결합법'을 활용할 때는 다음 두 가지에 유의해야 한다.

첫째, 어디까지나 공부에 중점을 두어야 한다.

둘째, 공부하는 과정에서 보조 수단으로 노동교육을 실시하되 노동과 휴식을 적절히 결합해야 한다.

그리고 노동교육은 다음 두 가지에 유의해야 한다.

① 아이가 감당할 수 있는 정도의 노동이어야 한다. 체력에 무리한 부담이 가거나 체력을 넘어서는 노동은 삼가야 한다.

② 가정에서 노동교육을 실시할 경우에는 특히 부모가 모범이 되어야 한다. 자신들의 건강을 위해서라도 신체활동, 예를 들어 등산, 문화탐방, 현장학습 등을 자녀와 함께 하는 것이 좋다. 또 집안일을 부모는 물론 가족 모두가 나누어 하는 것도 좋은 방법이다. 부모의 노동 태도에 따라, 아이의 노동 습관과 관념의 배양에 직접적인 영향을 주기 때문이다.

칼 마르크스의 초상 칼 마르크스의 경제 사상에서 노동의 의미는 대단히 중요하다. 그 노동이 차지하는 노동과 학습을 사회 진보의 중요한 두 요소로 강조했다.

공자는 "내 몸이 바르면 명령하지 않아도 알아서 행동하고, 내 몸이 바르지 못하면 명령해도 행동으로 옮기지 않는 법이다."라고 했다.

지나친 것보다 조금은 모자라서 유용한 물건으로 계영배戒盈盃란 것이 있다. 술이나 물이 잔의 70~80%를 넘으면 밑으로 모두 빠져나가도록 제작된 특수한 잔이 계영배다. 중국 제나라 환공은 늘 이 그릇을 의기儀器라고 하면서 곁에 두고 과욕과 넘침을 경계했다고 한다. 그래서 이를 유좌지기有坐之器라 했다.

넘침도 경계해야 하지만 부족함도 경계해야 한다. 신체두뇌교육도 마찬가지다. 두뇌와 신체가 적절한 조화를 이루어야 한다. 지력교육을 7~8할을 두고, 그것을 보조하는 수단으로 노동교육을 병행하면 좋겠다.

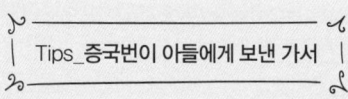

| Tips_증국번이 아들에게 보낸 가서 |

젊었을 때에 미친 듯
진취적인 뜻을 가지고 덤벼들어야 한다

공부하는 방법으로 보고, 읽고, 쓰고, 짓는 네 가지 중 매일 하나라도 걸러서는 안 된다.

첫째, '본다'는 것으로 말하자면, 작년에 네가 보았던 《사기》《한서》 《근사록》이나 금년에 본 《주역절중》 같은 책을 보는 것이다.

둘째, '읽는다'는 것은 《사서》《시》《서》《역경》《좌전》 등과 같은 경전, 《소명문선》, 이백·두보·한유·소동파의 시, 한유·구양수·증공·왕안석의 문장 같은 것을 읽는다는 뜻이다. 이런 책들은 큰소리로 낭송하지 않으면 문장들의 웅위한 기개를 느낄 수 없고, 낮은 목소리로 가볍게 읊조리지 않으면 글의 심오한 멋을 파고들 수 없다.

부잣집의 재산 축적을 들어 비유하자면 '책을 본다'는 것은 외지에 나가 장사를 해서 이익을 세 배 올리는 것이고, '책을 읽는다'는 것은 함부로 낭비하지 않으면서 집에서 진중히 지키는 것이라 할 수 있다.

군대의 전쟁으로 비유하자면, '책을 보는' 것은 성을 공략하고 강역을 개척하는 것이고, '책을 읽는' 것은 보루와 참호를 깊이 파고 빼앗은 땅을 굳게 지키는 것이라 할 수 있다.

또 '책을 본다'는 것은 자하가 말한 '하루하루 모르는 바를 아는 것'과 같고, '책을 읽는다'는 것은 '다달이 알고 있는 바를 잊지 않는 것'과 같다.

다음으로 '글자를 쓰는' 단계인데, 어떤 서체든 자신이 좋아하는 것을 쉬지 않고 쓰는 것이 중요하다. 글자를 쓰는 것도 좋지만 빨리 쓸 수 있어야 한다. 내가 평생 글자를 늦게 쓰는 바람에 적잖이 애를 먹었다. 빨리 쓸 수 있도록 노력해야 하는데, 하루에 해서 1만 자 정도면 괜찮을 것 같다.

마지막으로 '문장을 짓는' 작문 단계인데, 스무 살에서 서른 살 사이에 어느 정도 규모를 갖추어야지 서른을 넘기면 크게 나아지기 힘든 것이 작문이다. 고문, 시, 산문, 변려문 등 어떤 격식의 문장이라도 다 배워 써봐야 한다. 젊었을 때는 문장이 좀 틀리거나 못썼다고 해서 부끄러울 것 없으니 미친 듯 진취적인 뜻을 가지고 덤벼들어야 할 것이다. 그 나이 때에 시보해보지 못하면 그 뒤로는 영영 가망이 없다.

사람의 도리라는 문제에 대해서는 성현들께서 수없이 언급하셨던 바, 기본적으로 공경 '경敬'과 용서 '서恕' 두 글자에서 벗어나지 않을 것 같다. 《논어》에서 중궁이 인仁에 대해 묻는 대목이 나오는데, 바로 이 두 글자가 얼마나 중요한 것인가에 대한 질문이다.

이는 서서 사람을 만나면 앞으로 나아가 인사를 하고, 수레에 앉아서 사람을 만나면 수레 앞 손잡이까지 나아가 인사를 하는 것과 같다. 군자가 많든 적든, 늙고 젊고를 막론하고, 빠르고 느리고를 막론하고 모두 통달하되 교만해서는 안 된다. 의관을 정숙하게 하여 두려움을 갖게 해야 하지만, 위엄은 있으되 사나워서는 안 된다. 이런 것들이 '경'을 추구하는 가장 좋은 방법이다.

스스로 도덕을 세워야 남이 도덕을 세울 수 있도록 도와줄 수 있으며, 자기 일을 잘 해내야 남이 부유해지도록 도울 수 있다고 했다. 맹자는 힘써 실천했는 데도 효과가 없으면 자신을 돌아봐야 한다고 했다. 마음가짐이 어질고 후덕하며 예절을 지킨다면 죽을 때까지 걱정이 많아도 집안이 절대 화를 당하지는 않는다.

이상은 모두 '서'를 추구하는 가장 좋은 방법이다. '서'는 효과를 보기 쉽지만, '경'은 노력해서 실행하지 않으면 안 된다. 이것이 덕을 세우는 기초인데, 새삼 신중하게 노력하지 않을 수 없다.

과거가 코앞에 닥쳤으니 건강에 조심하도록 해라. 나는 모든 것이 다 편안하니 더 할 말이 없구나.

증국번(曾國藩, 1811~1872 / 62세)

청나라 말기의 관료로 상군의 창립자이자, 통수를 지낸 증국번은 최근 중국에서 가장 주목받고 있는 인물이다. 서점의 인문서 진열대를 석권했다고 해도 과언이 아닐 정도로 증국번에 대한 관심은 상상을 초월한다. 과연 증국번 신드롭이라 부를 수 있을 정도의 이 열기를 어떻게 설명해야 하나?

증국번에 대한 평가는 극과 극을 달린다. 긍정적인 평가로는 '중흥의 제1명신', '양무의 아버지', '근대화의 아버지', '성리학 대가', '처세의 달인' 등과 같은 수식어가 따른다. 반면 부정적인 평가는 '간신', '도살자', '매국노' 등과 같이 부정의 극단을 달린다. 이러한 극단적 평가는 아무래도 그 당시의 시대적 상황에서 기인하는 것 같다. 증국번이 시대적 한계나 사상과 행동의 모순에도 불구하고 지금까지 엄청난 조명을 받으며 재평가되고 있는 까닭은 아무래도 그의 남다른 처세술 때문이겠지만, 개인 증국번의 삶은 지금 음미해도 충분한 부가가치를 가진다.

증국번은 태평천국의 봉기를 진압하는 극도의 긴장된 상황에서도 집안 식구, 특히 자녀에게 수시로 편지를 보냈다. 이 편지 역시 그중 하나인데, 그가 자녀와 식구들에게 보낸 편지의 분량은 여러 권의 책이 될 정도로 방대하다.

봉건시대의 막차를 탄 존재로서 증국번의 사상은 대단히 보수적이다. 하지만 가정과 가족을 중시하고 자녀교육을 위해 다양한 교육법을 제시했던 그의 철학과 기본 방침은 확고한 가치관 없이 이리저리 흔들리는 현대인에게 적지 않은 힘과 교훈을 선사한다.

증국번의 글씨와 편지 평생 자신의 글씨에 불만을 토로했던 증국번이지만, 그의 글씨에는 은근한 힘이 느껴진다. 지금 중국에서는 증국번 현상이라고 부를 정도로 증국번을 배우려는 열기가 대단하다. 이는 증국번이 가정교육에서 큰 성공을 거둔 데서 기인하는 바 크다.

• 중국 명문가의 자녀교육법 9 •

환경선택

: 교육환경은 가정환경에서 시작한다 :

　공자의 학통을 이어 유가 제2의 성인, 즉 '아성亞聖'으로 추앙받는 맹자에게는 자녀교육에 나름대로 확고한 철학을 가진 어머니가 계셨다. 맹자의 어머니는 이른바 '맹모삼천孟母三遷'이라는 천고의 유명한 고사를 남긴 주인공이기도 하다.

　이 고사는 당초 맹자 어머니의 자녀교육에 관한 시 구절이 《한시외전韓詩外傳》에 등장하면서 그 의미가 점차 확대되었다. 구체적인 고사는 유향劉向의 《열녀전列女傳》을 비롯하여 중국의 전통교육서라 할 수 있는 《삼자경三字經》의 '석맹모昔孟母, 택인처擇人處'라는 구절 등에서 비롯되었다. '옛날 맹자의 어머니는 이웃을 가려 거처했다'는 뜻이다.

———— **맹모의 무덤과 맹모단기처비** 교육환경의 선택과 조성은 부모의 확고한 의지와 인생 철학이 뒷받침되어야 한다. 지금으로부터 약 2,300년 전 맹모는 이를 행동으로 보여주었다.

그리고 《열녀전》에는 '세 번 이사했다'는 '삼천三遷'의 고사가 처음 나타났다. 동한시대의 여류 문학가 반소班昭는 '맹모송孟母頌'이라는 맹자의 어머니를 칭송하는 글을 짓기도 했다.

이후 이 고사는 2천 년 넘게 오늘날까지 자녀교육을 위한 부모의 환경선택이 갖는 의미와 중요성을 일깨워주는 교육법으로 전하고 있다.

어려서 아버지를 여읜 맹자가 애비 없는 자식이라는 비아냥거림을 듣지 않도록 하기 위해, 어머니는 맹자의 교육에 특별히 신경을 썼다. 학업에 열중하지 않는 아들을 훈계하기 위해 집안의 밥줄인 베틀의 베를 자르기까지 했다(이 고사에서 '맹모단기孟母斷機'라는 성어가 나왔고, 맹자의 고향인 산동성 추성시 맹자의 사당인 맹묘 안에는 이를 기념하기 위한 역대 기념비들이 남아 있다).

처음 맹자의 집은 묘지 부근에 있었다. 이 때문에 맹자는 동네 아이들과 늘 죽은 사람을 염하는 방법이나 매장하기 등과 같은 장례놀음에 열중했고, 심지어는 초상난 상가에 가서 곡하는 것까지 배워 흉내를 냈다. 이에 맹모는 아들의 교육환경을 바꾸기 위해 시내 중심으로 이사를 했다.

그런데 뜻밖에 이사한 곳이 시장 한복판이었다. 맹자는 곧 장사꾼의 흉내를 내는 등 시장놀이에 빠졌고 돈 벌기와 속임수까지 배웠다.

하다못해 맹모는 학교 부근으로 집을 옮겼고, 마침내 맹자는 학업에 열중하여 큰 학자로 성장할 수 있었다. 아성의 탄생은 이렇듯 맹모의 지극한 열성과 과감한 환경조성의 결과물이었다.

'맹모삼천'은 전통적인 자녀교육법의 대표적인 사례로 꼽히는데, 이런 방법을 '환경선택'이라 한다. 이는 자녀의 성장에 있어서 환경의 중요성을 일깨워주는 아주 상식적인 방법이다.

그럼에도 부모들은 이를 제대로 인식하지 못하고 있다. 그저 좋은 환경만 만들어주면 다 되는 것처럼 생각하고 있기 때문이다. **아무리 좋은 환경이라도 부모 스스로가 모범을 보이지 못하면 다 쓸모없는 것이다.**

자식 앞에서 험한 말을 함부로 내뱉거나, 노름하는 모습을 보이거나, 서로 싸우는 모습을 보이면 최상의 환경도 그 효력을 발휘하지 못한다. 부모 자신이 교육환경의 제1선임을 명심해야 할 것이다.

환경선택은 자녀의 심신을 건강하게 기르기 위한 교육법이다. 그리고 생활환경과 학습환경 그리고 친구 사귀기가 주요한 선택 대상이 된다.

심리학자들은 환경이 인간의 품성과 소질에 대단히 중요한 의의를 갖는다고 인정한다. 새뮤얼 스마일스는 이렇게 말한다.

"자녀의 성장 발육기에 성품에 영향을 주는 주된 요소는 환경이 포함하고 있는 사물의 속성이다."

환경은 자연환경과 사회환경으로 크게 나눈다. 자연환경은 성격과 소질에 일정한 영향을 미치지만, 결정적 작용을 하는 것은 역시 사회환경이다. **그러나 무엇보다 중요한 환경은 가정환경이다. '가정은 인류의 성격을 제조하는 공장'이기 때문이다.**

남귤북지南橘北枳라는 고사성어가 있다. 제나라에 있을 때 선량한 사람이 초나라에 와서 나쁜 사람으로 된 것은 그 사람의 출신이 문제가 아니라, 풍토와 제도가 문제라는 데서 나온 말이다. 이는 귤이든 사람이든 어떤 환경에서 누가 키우고 길렀느냐에 따라 옥이 되고 돌도 될 수 있다는 지적이다. 지리적 환경이 인간의 성격과 지능에 지대한 영향을 준다는 의미다.

전통적인 자녀교육법의 하나로서 '환경선택'은 우리에게 가정환경의 중요성이 교육환경과 직결된다는 점을 다시 한 번 상기시킨다. 그래서 남북귤지는 과거형이 아니라, 지금도 팔딱이며 살아 있는 현재

형인 것이다.

그렇다고 딱히 환경 탓만 할 일이 아니다. 홍자성의 어록을 담은 《채근담》에는 이런 이야기가 전해진다.

"산중에 있는 나무들 가운데 가장 곧고 잘생긴 나무가 가장 먼저 잘려서 서까래감으로 쓰인다. 그다음 못생긴 나무가 큰 나무로 자라서 기둥이 되고, 가장 못생긴 나무는 끝까지 남아서 산을 지키는 큰 고목 나무가 된다. 못생긴 나무는 목수 눈에 띄어 잘리더라도 대들보가 되는 것이다. 너희들도 산중에서 수행하는 사람이 되려면 가장 못난 사람, 재주 없는 사람이 되어야 한다. 그래야 산을 지키는 주인이 되는 것이다."

이와 같이 쓸모없는 것도 쓸모가 있는 무용지용無用之用을 설명했다. 잎만 무성한 나무를 쓸모가 없다고 해서 나무꾼이 자르지 않는다. 나무꾼의 눈에는 쓸모가 없으므로 그 나무는 자기 수명을 다한다. 강한 것이 살아남는 게 아니라 살아남는 것이 강한 것이다.

자신의 능력이 부족하다고 부끄러워할 이유가 없다. 남들이 가지지 않은 한 가지 재주는 가지고 있으므로 언젠가는 유용하게 쓸 수가 있기 때문이다. 쓸모없는 것이 있어야 비로소 유용한 것이 기능할 수 있다. 조그마한 재능을 내세워 우쭐된다면 제 몸만 망치기 마련이다. "못 생긴 나무가 선산 지킨다."라는 역설의 지혜를 잊지 말아야 한다.

중국 명문가의 자녀교육법 10

자립환경

: 스스로 노력해서 얻은 것이 가장 값지다 :

"자손이 유능한데다 재물이 아주 많으면 그들의 의지를 손상시키며, 자손이 어리석은데 재물이 많으면 그들의 잘못을 더 크게 키울 것이다."

"자식에게 황금 한 상자를 물려주는 것보다 책 한 권을 물려주는 것이 낫다."

"돈과 재산은 교만을 키우고 나태함을 조장하는 근원이다."

자본 만능주의시대에 위와 같은 격언은 고리타분하게 들릴지 모른다. 하지만 오늘날과 같은 황금 지상주의시대에서, 이런 격언이 더욱 우리의 존엄성과 영혼을 구원하는 메시지 역할을 한다.

자기 노력으로 얻지 않은 재물 때문에 작게는 자신의 신세를 망치고, 나아가서는 집안을 몰락으로 이끌고, 더 크게는 세상을 혼탁하게 만드는 경우를 우리는 매일 보면 살고 있다.

어떤 사람들은 참 어리석게 "망해도 좋으니, 저들만큼 돈이 있어봤으면 좋겠다."라는 말을 서슴지 않는다. 부와 재물에 대한 우리의 비뚤어진 인식과 가치관을 바로잡아야 할 때다.

유방劉邦을 도와 천하를 재통일하고 한나라를 세우는 데 가장 큰 공을 세운 인물들을 가리켜 흔히 '서한삼걸西漢三杰'이라 한다. 한신韓信, 장량張良, 소하蕭何가 그들이었다.

이들 '서한삼걸' 중 한신은 천하가 자리를 잡은 뒤에도 계속 자신을 알아주지 않는다며 오만한 태도를 버리지 못하고 불만을 터뜨리다가 '토사구팽兎死狗烹' 식으로 비참하게 제거되었다. 현명한 장량은 일찌감치 은퇴하여 종적을 감추었다. 오직 소하 한 사람만이 승상 자리까지 올라 부귀공명을 누렸다.

그런데 소하의 부귀공명은 그 나름의 처신과 철학이 있었기에 가능했다. 소하는 '위로는 황제 한 사람뿐이고, 만인의 윗자리'라는 뜻의 '일인지하一人之下, 만인지상萬人之上'의 승상이 되고 난 다음에도 아주 구석진 곳에서 담장도 없는 집을 짓고 살았다. 황제가 내린 땅과 집은 받지 않았다. 그는 까닭을 묻는 주위 사람들에게 이렇게 대답했다.

"내 자식들은 나라에 아무런 공도 세우지 못했는데 황제는 땅과 집을 내리시고 우리를 함께 살게 했으니 그걸로 충분하다. 여기에다 좋

소하의 초상 '소황제'처럼 자라는 지금 우리 아이들의 모습을 보노라면, 최고의 자리에 있으면서도 자립할 수 있게 자식들을 이끈 소하의 교육법이 새삼스러운 동시에 그만큼 절박하게 다가온다.

은 집과 땅을 차지한다면 황제와 백성들을 무슨 얼굴로 대할 수 있겠는가?"

그는 편안한 마음으로 자식들에게 근검절약을 가르쳐 자립할 수 있게 했고, 죽고 난 다음에도 유산을 물려주지 않아 자식들이 재물로 인한 재난을 피할 수 있게 했다.

반면 공신들 상당수가 2세, 3세 이르러 패가망신했다. 공신이라는 지위를 이용하여 교만하게 굴고 패악질을 일삼았기 때문이다. 요컨대 소하처럼 2세, 3세 교육과 처신에 주의를 기울여야 함에도 불구하고 자식들을 그대로 방치하거나 오히려 자식들의 오만불손을 조장했기 때문이다.

소하의 이런 교육법을 '자립환경'이라 부를 수 있겠다. 이 교육법은 부모가 자식에게 재물을 물려주지 않음으로써, 부모에 대한 의존도를 줄이고 대신 자립자강할 수 있는 능력을 길러주는 것이다.

이 방법을 활용하기 위해서는 다음 네 가지를 제대로 파악해야 한다.

첫째, 자식에게 재산이나 가업을 그대로 물려주어서는 안 된다. 이것들을 지력智力 함양에 투자하는 것이 현명하며, 이를 바탕으로 자신들의 힘으로 먹고 살게 해야 한다.

둘째, 자식들에게 부모 세대나 그 윗세대가 힘들게 노력해서 이룩한 명예로운 가업의 역사를 제대로 일러주어 명예감과 자부심 및 창업에 대한 적극성 및 책임감을 키운다.

셋째, 자식들에게 근검절약과 자력갱생 그리고 힘들게 노력하는 교육을 끊임없이 베풀어야 한다. 그래야 그들의 우월감을 없애고 자기 힘으로 공을 성취할 수 있도록 자극할 수 있다.

넷째, 창업보다 수성이 더 어렵다는 점을 주지시켜 자식들이 늘 경계심을 잃지 않고 스스로 조심하도록 해야 한다.

청나라 말기 영국을 비롯한 서양 제국주의의 아편 밀수를 비롯하여 중국 침탈에 맞서 싸운 애국지사 임칙서林則徐는 아들에게 보낸 편지에서 겸손과 근검절약을 강조하면서, 그것이 자립의 기초임을 강조했다.

"지금 이 애비가 여덟 자나 되는 수레를 탈 수 있을 만큼 큰 권한을 가진 자리에 있다만, 이 역시 대부분은 황상께서 내려주신 은혜이지

내게 그런 능력과 재능이 있어서가 아니란다. 그러므로 내 아들은 이런 점을 공부를 통해 더 잘 알아야 할 것이다. 더 먼 친구에게는 늘 안부를 묻고, 가난한 친척들은 놓치지 말고 두루 살펴야 할 것이야. 형제와 부부지간에도 그에 상응하는 예절이 있어야 함은 당연하다. 성취한 업적을 잘 지켜야 편안함을 얻을 수 있다. 한자리한다고 해서 다른 사람 앞에서 교만하게 굴어서는 안 된다. 노력하는 것이 가장 값지며, 성현들의 책을 많이 읽어야 한다. 그렇지 않으면 저급한 취미에 빠지기 십상이다. 고대의 훌륭한 관리는 관리가 되고나서도 공부를 게을리하지 않았다. 네가 관리가 되면 이렇게 하지 않고 잘난 척하며

 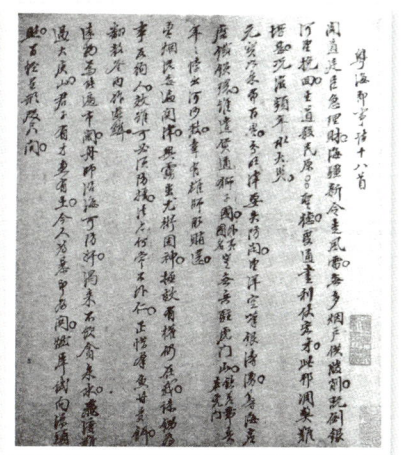

임칙서의 초상과 글씨 아버지의 권세를 믿고 교만하게 굴지 말 것을, 자식은 물론 집안 모두에게 신신당부했던 임칙서는 자식교육에 있어서 자립이 얼마나 중요한가를 자각했던 위인이었다.

공부를 포기하겠느냐? 옛 사람들은 집안의 장남을 가독家督이라 불렀는데, 가정을 유지하고 부모를 잘 모시라는 뜻에서였다. 바로 내 아들이 책임을 다해야 할 일이다."

　기업 경영에서 2세 경영, 또는 집안 경영은 그리 낯설지 않다. 그러나 2세, 3세까지 순조롭게 기업이 유지되는 경우는 극히 드물다. 가까스로 일구어 놓은 기반을 2세, 3세를 지나면서 다 무너뜨리기 일쑤다. 창업보다 수성이 힘들다는 말이 괜시리 나온 것이 아니다.

　금수저를 물고 태어난 2세, 3세에게 자립할 수 있는 환경과 교육을 소홀히 하기 때문이다. 그저 특권의식만 심어주어, 이른바 사람에 대한 최소한의 예의조차 갖추지 못한 채 '갑질'을 일삼다가 사회적 물의를 일으키는 일이 허다하다.

　모든 교육의 출발은 가정이고, 그 가정교육을 책임진 사람은 다름 아닌 부모다. 자녀교육 이전에 부모교육이 선행되어야 하는 까닭이기도 하다.

| Tips_서원여가 동생들에게 보낸 가서 |

검의 날은 숫돌에 갈면 빛이 나듯, 사람의 명예도 갈아야 휘날린다

 몇 해 전 오송강吳淞江에 있을 때, 정장亭長 벼슬에 있는 어떤 양반이 내게 검을 한 자루 선물로 주었다. 나는 속으로 참 좋은 검이라고 생각하여 애지중지 작은 상자 안에 보관하여 신경 써서 다루었다. 올 가을 진秦 지방에 있을 때, 별다른 일이 없다고 해서 그 상자를 열어보았더니 얼룩덜룩 녹이 나고 부식이 되어 폐철이나 다름없었다. 이런 날카로운 보검을 이 지경으로 만들었다는 생각에 마음이 몹시 부끄러웠고, 그래서 한번 갈아야겠다는 생각을 줄곧 가지고 있었다.

 몇 달 뒤, 기산岐山을 지나는 길에 물색이 감도는 돌 하나를 얻었는데, 길이는 한 자가 채 안 되고 폭과 두께는 길이의 절반 정도였다. 손으로 문질러보니 매끄럽고 섬세한 것이 틀림없이 좋은 숫돌이라는 생각이 들었다. 그래서 가지고 성으로 들어와 검을 가는 장인에게 물어보았더니 장인도 검을 가는 숫돌이라 하길래 검을 꺼내 갈게 했다.

처음 며칠 표면의 녹이 서서히 어느 정도 떨어져 나가긴 했지만 날카로운 맛은 여전히 덜했다. 나는 장인이 날 속였다고 생각하여 그를 찾아가 물었더니, 그 장인은 이렇게 말했다.

"이 숫돌은 입자가 아주 가늘기 때문에 단단한 철을 빨리 날카롭게 갈 수 없습니다. 하지만 쉬지 않고 계속 갈면 한 달 이내면 효과를 볼 수 있을 것입니다."

다시 가지고 돌아와 장인이 말한 대로 했더니 아니나 다를까 변화가 있었다. 검푸른 녹이 점차 떨어져 나가는 것이 마치 뱀이 허물을 벗듯이 하더니, 마침내 물색보다 더 빛이 나고 별처럼 은빛을 번득이기 시작했다. 이어 동전 서른 개를 잘랐더니 소리도 없이 잘려나가는 것이 처음보다 몇 십 배는 더 날카로워졌다.

그래서 나는 감탄하지 않을 수 없었다. 금강은 다섯 가지 재료들 중에서도 가장 단단한 것이지만, 장인에 의해 기물로 주조되어야만 그 어떤 것보다 날카로운 기물이 될 수 있다. 날카로운 강철도 갈고 닦지 않으면 폐철이나 마찬가지로 쓸모가 없어지는 것이다. 하물며 원래 약해 빠진 둔철을 갈고 닦지 않는다면, 당연히 쓸모없는 물건이 되는 것은 말할 것도 없고 폐철과도 비교할 수 없게 된다는 것을 말이다!

그러니 사람이 세상을 살면서 귀머거리, 장님, 벙어리가 아닌 다음에야 당연히 인, 의, 예, 지, 신의 오상五常의 본성을 갖추어야 하지 않겠는가?

이 오상을 다 갖추어야만 금수와 구별되는 것이지. 공공연히 품성의 수양을 게을리하고 날마다 출세만 추구하면서 절제 없이 말과 행동을 방자하게 한다면, 이는 마치 하루하루 먼지가 쌓여 쓰레기가 되는 것과 마찬가지다. 그것을 깨우치지 못하면 끝내는 본성과 천리를 해치는 꼴이 되고 만다. 살아서 쓸모없는 사람이 죽어서 흙먼지와 함께 버려진다면 세월을 헛되이 보낸 꼴이 아니고 무엇이겠는가?

평소 너희들을 관찰해본 결과 천성이 순박하고 일찍부터 부친의 가르침을 받아, 마음으로 기꺼이 성인들이 걸었던 바른 길을 실천해야겠다는 점을 잘 알고 있는 것 같았다. 나는 너희들이 겉으로만 도의를 실행하고 몰래 도의를 위반하는 사람이 아니라고 믿는다. 그러나 내가 경성에서 공명을 추구한 지도 벌써 19년이 지났구나!

너희들이 부모를 공양하지 못해 생활이 걱정되어 남에게 아쉬운 소리를 하지나 않을까 걱정하고 있다는 것을 잘 안다. 이런 상황을 듣고 난 뒤, 나는 나 자신이 더욱 서글퍼졌다. 부모 봉양을 위해 동생들을 그렇게 만든 것도 그렇고, 동시에 너희들이 가난 때문에 지조를 버리고 구차한 욕심 때문에 유혹에 마음이 흔들려 다른 사람과 쉽게 영합하지나 않을까 더 걱정이 된다. 또 인정에 이끌려 급하다고 품행을 단정히 하고 공부하는 것을 게을리하지나 않을까 밤새 걱정했다. 이런 이치들로 너희들을 훈계하면서도 너희들이 아직 어리고 생각이나 체험이 성숙하지 않아 깊이 이해하지 못할까 또 걱정이 된다.

지금 마침 악주鄂州 마차가 돌아간다고 하길래 그 편에 이 숫돌과 편지를 함께 딸려 보낸다. 내가 숫돌을 얻어 사용하게 된 경과와 그 쓰임새를 기록하여 내 마음을 전달한다.

너희들이 그 순박하고 선량한 본질을 지키며 밤낮으로 수양하고 연마하여 나쁜 습관이 스며들지 않길 희망한다. 곤궁한 중에도 변함없는 지조를 지키고, 재물을 앞에 두고도 삼가는 마음으로 구차하게 욕심을 부리지 말고, 늘 같은 마음으로 학업에 임해야 한다. 그리고 제일 먼저 부모님을 걱정시켜드리지 말 것이며, 그다음으로는 형제의 마음을 아프게 하지 않으며, 끝으로 양심에 부끄럽지 않아야 할 것이다.

이 몇 가지를 잘 지키는 것은 오로지 자기수양일 뿐이지 다른 사람과는 무관하다. 자신을 수양하지 못한다면 내가 앞에서 말한 검으로 동전을 자르고 별빛처럼 빛난다든지 하는 이야기들이 다 쓸데없는 것이 되고 마니, 그것으로 어찌 사리를 밝힐 수 있겠느냐?

하지만 나는 너희들이 이 숫돌을 곁에다 두고 급할 때나 힘들 때나 늘 이 숫돌이 주는 계시를 떠올리길 바란다. 이는 또한 옛사람들이 가죽과 활시위로 자신의 결점을 경계한 이치와 같다!

이런 생각에서 내가 '숫돌 좌우명'을 써줄 테니 글자를 새겨서 곁에다 두길 바란다. 그 내용은 이렇다.

검의 날은 갈아야 빛이 나고,
나의 선함은 수양해야 드러날 수 있다.
숫돌이여 숫돌이여, 나의 스승이로세.
내 형제들이여 내 충고를 잊지 말지어다.

서원여(舒元輿, 789~835, 47세)

당나라 때의 문학가로 무주 동양지금의 절강성 사람이다(구당서) 그의 열전에는 강주 사람으로 잘못 기록되어 있다. 미천한 집안 출신이지만, 공부를 잘해서 한 번 배우면 바로 깨우쳤다. 서원여는 매우 진취적인 인물이었다. 문장은 힘차고 자신에 넘쳤다. 정치적으로도 강직한 성품으로 당시 조정을 좌우하던 환관들에 맞서다 마흔 일곱의 나이로 살해당했다.

그런 그가 자신을 대신하여 부모를 돌보고 있는 동생들에게 자신이 겪은 검과 숫돌의 관계로부터 계발을 얻어 쓴 편지다. 인편에 숫돌과 '숫돌 좌우명'을 함께 보내면서 상황이 아무리 어렵더라도 자신의 의지를 늘 갈고 닦아 지조를 버리지 말 것을 당부했다.

서원여의 초상 공부도 의지도 날이 늘 살아 있는 보검처럼 끊임없이 갈고 닦아야 한다. 서원여는 인간의 의지는 좋은 검처럼 갈지 않으면 제대로 단련될 수 없음을 강조했다.

중국 명문가의 자녀교육법 11

목표격려

: 자신의 노력으로 희망이 현실이 되게 하라 :

삼국시대의 영웅 조조曹操에게는 모두 스물다섯 명의 아들이 있었다. 그중에서도 큰아들 조앙曹昻, 둘째 아들 조비曹丕, 셋째 아들 조식曹植이 가장 뛰어났다. 조조는 자식들을 편애하지 않고 모두를 사랑했다. 하지만 자녀교육법에 있어서는 엄격하면서도 현명한 방법으로 자식들을 바른 길로 이끌었다. 그는 자식들에게 공평한 기회를 주면서, 공개적으로 누구든 노력하여 기준에 도달하는 사람을 기용하겠다고 선언했다. 조조가 제시한 기준은 재능과 학문, 마음씀씀이, 효성과 공순함이었다. 무술 단련은 기본이었다.

요컨대 **조조의 교육법은 자식들의 목표를 격려하는 방법을 기본으**

조조의 석상 조조는 디테일에 강한 인물이었다. 자녀교육에서도 이 점이 잘 드러난다. 역사의 평가는 극과 극을 달리하고 있지만, 부모로서 조조의 자녀교육법은 시사하는 바가 적지 않다.

로 하여, 문무를 겸비하게 하는 것이 핵심이었다. 그에 따라 자식들의 재능에 맞는 특기와 부족한 점을 발견하여 더욱 격려했던 것이다.

 조조가 활용한 교육법은 목표를 세워놓고 자식을 격려하는 '목표격려'다. 이러한 교육법의 결실로 큰아들 조앙은 아버지 조조를 따라 전쟁터를 누비며 품성과 재능을 단련했다(안타깝게 197년 육수 전투에서 전사했다). 둘째 아들 조비는 말타기와 활쏘기를 비롯하여 문학에 뚜렷한 재능을 보였다. 그는 아버지를 닮아 군영에 있으면서도 늘 책을 놓지 않았다. 셋째 아들 조식은 남다른 총명함과 준수한 용모로 조조의 사랑을 듬뿍 받았다.

 조비는 아버지의 기대를 저버리지 않고 마침내 황제에 올랐고, 조

───── **조비와 조식의 동상** 조비는 정치에서 조식은 문화 방면에서 제 역할을 해냈다. 특히 조식은 아버지 조조와 함께 문단의 큰 후원자였다. 사진은 조조의 아들로 당시 정계와 문단을 이끌었던 조비(좌)와 조식(우)이다.

식은 문학 방면에서 조비와 어깨를 나란히 하며 큰 성취를 이루어 아버지 조조와 함께 '건안칠자建安七子' 대열에 오르기까지 했다.

'건안칠자'란 건안 연간인 189년부터 220년 사이에 당시 문단에서 활약한 일곱 명의 지식인을 말한다. 흔히 조조와 그의 두 아들인 조비, 조식의 이른바 삼조三曹를 포함하여 왕찬王粲, 공융孔融, 진림陳琳, 서간徐幹, 완우阮禹, 응창應瑒, 유정劉楨의 일곱 명을 가리킨다.

이들은 당시 문학을 포함하여 문화계 전반을 주도했고, 이후 위진 남북조시대의 학문과 문학에도 큰 영향을 미쳤다. 여기에는 삼조의 후원이 크게 작용했는데, 특히 조조의 지원과 영향이 절대적이었다.

───── **조조와 건안칠자** 조조 부자의 전폭적인 지원을 받은 당시 문단의 총아들인 건안칠자는 중국 문화사에 큰 족적을 남겼다. 사진은 조조와 건안칠자의 모습을 나타낸 조형물이다.

여기에는 자식들에 대한 조조의 교육 경험이 일정하게 작용했다. 말하자면 권력자가 가정에서 자녀교육에 진심으로 정성을 기울였고, 그것이 한 시대의 문화를 풍부하게 만드는 원동력이 되었던 것이다.

희망은 어떤 목표에 대한 방향이다. 어떤 의미에서 보자면 희망은 인간의 투지를 추진하는 주요한 원동력의 하나다. 희망에는 긍정과 부정 두 요소가 함께 포함되어 있어, 이 둘의 대립과 통일이 쉼 없는 분투를 부추긴다. 희망은 그 자체로 현실에 대한 부정과 자아에 대한 긍정인 동시에 미래에 대한 주목이다. 희망은 현실 너머의 그림에 대한 묘사이기 때문에 현실에 머물러 있길 원치 않으며, 희망을 이루기 위해서는 현실을 바꾸어야 하고 그것은 자신의 노력에 의지하지 않을 수 없다.

　희망에 충만해 있다는 것은 자신이 현실을 바꿀 수 있다는 자신감에 가득 차 있다는 것이다. 따라서 자신은 긍정적이고 믿음으로 가득 차 있게 된다. 이것이 희망에 내포되어 있는 긍정적 요소의 원천이다.

　이런 긍정과 부정의 대립과 통일이 희망을 실현하고 목표를 이루기 위해 일하고 분투하게 만드는 원동력이 된다. '목표격려'가 갖는 진정한 의의는 바로 여기에 있다. 아이의 마음속에 목표를 심어 행동을 지도하려면, 그 목표는 다음 세 가지 특징을 갖추어야만 한다.

　첫째, 목표가 바랄 수 있고 도달할 수 있는 것이어야 한다.

　둘째, 목표는 느낄 수 있고 할 수 있어야 한다. 느낄 수 있는 목표란 감각을 의미하는 것이 아니다. 흡인력과 응집력을 가지고 아이들의 결심과 용기를 자극할 수 있는, 말하자면 아이들을 감동시킬 수 있는 그런 것이어야 한다.

　셋째, 목표는 친근해야 한다. 친하다는 것은 목표를 실현하면서 자신의 이익이 어디에 있는지 찾아서 기꺼이 분투할 수 있도록 해야 한다는 뜻이다. 가깝다는 것은 목표에 원근감이 있어야 한다는 뜻이다. **가까운 목표, 먼 목표, 큰 목표, 작은 목표, 고귀한 목표, 소박한 목표 등 이런 층차가 있어야만 목표는 생명력을 가지고 아이들을 자극할 수 있기 때문이다.**

· 중국 명문가의 자녀교육법 12 ·

솔선수범

: 고함지르는 것보다 직접 보여주는 것이 낫다 :

앞서 살펴보았듯이 삼국시대의 영웅 조조는 아주 특색 있게 자식들을 교육시켰다. 그는 자식들의 재능과 능력을 기르는 교육에 큰 힘을 쏟았으며, 동시에 엄격한 교육법을 채택했다. 그는 또 자기 자신으로 자식들을 교육시키는 데도 잘 활용했다. 부모가 자신을 자녀교육에 활용하는 이런 교육법을 '솔선수범'이라 부를 수 있다.

조조의 이런 솔선수범은 자신의 생활과 전투에서도 그대로 실천했다. 생활에서는 간소와 검소를 강조하고 실천했고, 전투에서는 결코 뒷전에서 지휘하거나 부하에게 맡겨두지 않고 직접 말을 타고 검을 휘둘렀다.

조조는 자식들에게 언행에 있어서 삼가고 조심할 사항들을 정리하여 〈내계령內誡令〉이라는 글을 발표했다. 여기서 근검절약을 강조하는 대목이 나오는데, 조조 자신의 생활 자체가 바로 근검절약의 모범이었다. 그는 화려한 장식을 한 가구들을 좋아하지 않았으며, 은으로 만든 제품도 사용하지 않았다. 방에 방향제를 두지 않았으며, 책상보는 10년을 사용했다. 이런 가장의 '솔선수범'에 영향을 받아 가족과 궁인들도 비단옷을 입지 않고 반찬의 가짓수도 줄이는 등 한나라 때의 사치풍을 고쳤다.

조조의 근검절약은 죽기 전 남긴 유언에서도 잘 나타난다. 이 유언은 우리가 흔히 생각하는 조조의 모습과는 전혀 다른 면모를 전하고 있어 여간 흥미롭지 않다.

진나라 육기陸機가 쓴 《조위무제문弔魏武帝文》 서문에 인용된 조조의 유언 중 일부를 보면 "내 향을 여러 부인에게 나누어주어라."라는 대목이 나온다. '향을 나누다'는 '분향分香'이라는 말은 그 뒤 임종을 앞둔 사람이 남은 가족을 염려하는 마음을 가리키는 단어가 되었다.

조조는 죽기 전에 자신의 무덤을 여러 개 만들었다고 한다(일설에는 72개를 만들었다고도 한다). 도굴을 방지하기 위해서라는데, 조조의 유언을 보면 도굴할 것이 없을 정도로 박장薄葬이었다. 당대를 호령하던 인물의 유언은 이 사람이 진짜 조조가 맞나 할 정도로 꼼꼼하게 가족과 처첩을 하나하나 챙기고 있기 때문이다. 쓰다 남은 향마저 부인들에게 나누어주라는 조조의 유언은 그가 평생 솔선수범하며 실천한

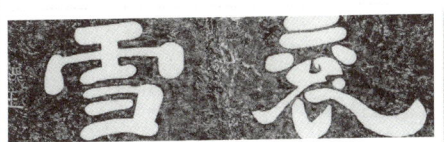

─── **조조의 초상과 글씨** 부모가 교육자이며 교재다. 부모의 솔선수범이 교육 전체의 대부분을 차지한다고 말하면 지나친 말일까? 조조는 솔선수범하는 아버지였다. 사진은 조조의 친필로 알려진 '곤설(袞雪)'이라는 글씨다.

근검절약의 결정판이 할 만하다.

이릉夷陵 전투에서 패해 울화통으로 죽은 유비劉備나, 심각한 후계자 문제를 남겨 두고 천수를 누리다 간 손권孫權의 죽음에 비해 조조의 죽음은 대단히 인간적이다. 문학을 사랑했던 조조의 섬세함과 담백함이 유언에도 잘 나타나 있다고나 할까?

'솔선수범'은 가정교육에서 반드시 지켜야 할 기본 원칙이다. 그래서 이를 '근본법'이라 부르기도 한다. 근본법이 잘못되면 어떤 교육법도 소용없다. 꼭 새겨들어야 할 지적이다.

자신의 몸으로 교육한다는 '신교身敎'는 말로 교육하는 '언교言敎'와 상대된다. 말로도 영향을 주고 계발을 줄 수 있지만, 몸으로 교육하는 솔선수범으로 보완하지 않으면 안 된다. 말로만 하고 몸으로 실천하지 않으면 피교육자의 마음을 움직일 수 없다. 이런 점에서 신교는 언교보다 더 중요하다.

"고함지르는 것보다 직접 해서 보여주는 것이 낫다."

'솔선수범교육'이 진정으로 사람의 마음을 울리는 효과를 거두려면, 다음 세 가지에 주의하지 않으면 안 된다.

첫째, '진실성'이다. 이는 솔선수범의 기초다. 솔선수범자의 행위가 진실해야만 반응을 얻을 수 있고 피교육자를 감동시킬 수 있다.

둘째, '적절성'이다. 진실성만으로는 충분한 효과를 거두기 힘들다. 방법이 적절해야만, 다시 말해 피교육자에게 맞아야만 마음속 깊이 영향을 줄 수 있다.

셋째, '전형성'이다. 교육자의 행위가 사실에 기초한 전형적인 모습을 가져야만 피교육자가 진심으로 접수하게 된다. 일반적으로 행위나 사실의 진실성은 그 사람이 이를 믿느냐 여부에서, 적절성은 그 사람의 마음에 영향력이 생겨나게 하느냐 여부에서, 전형성은 그 사람의 심령에 큰 영향을 남기느냐 여부로 결정된다.

물론 이 교육법은 학습에 뛰어나고 발전과 진보를 추구하려는 사람에게 제대로 작용한다는 한계가 있다. 다시 말해 학습 능력과 자각 능력이 떨어지는 사람에게 이 방법은 적절치 않다.

| Tips_동방삭이 아들에게 보낸 가서 |

나서고 숨고 움직이고 멈추기를
시의 적절하게 조절하라

밝고 지혜로운 사람의 처세 태도로 중도中道에 부합하는 것보다 더 귀한 것은 없느니라. 보기에 차분하고 자유로우면 자연 중도에 부합하기 마련이다. 따라서 백이, 숙제 같은 군자는 맑고 고고했지만 너무 고집스러워 처세에는 서툴렀던 것이다. 반면에 유하혜는 정직하고 일을 존중하여 치세건 난세건 늘 같은 태도를 유지한, 그야말로 가장 뛰어난 사람이라 할 수 있다.

먹고 입는 것이 풍족하면 느긋하게 관직생활에서 은퇴하여 농사짓는 일로 대신한다. 몸은 조정에 있지만 조용히 겸손하게 말하면서 마치 은둔자처럼 유유하게 살면 비록 시세에 영합하지는 못하더라도 화를 입지는 않는다.

그 이치가 무엇인가?

날카로움을 다 드러내면 위험을 당하기 마련이고, 뛰어난 명성은 꾸민 경우가 많다. 많은 사람들로부터 명망을 얻으면 평생 바쁘고, 스스로 고고함을 자처하는 사람은 주위와 조화하지 못한다.

무릇 일은 여지를 남겨야지, 바닥을 보이거나 아주 모자라서는 안 된다. 일을 너무 완벽하게 하려다 보면 생각이 달리고 약해진다. 그래서 성인들이 처세하는 이치를 보면, 나서고 숨고 움직이고 멈추기를 시기적절하게 조절한다. 때로는 사방으로 화려하게 꾸미기도 하여 절묘하게 드러내고, 때로는 말없이 엎드려 그 깊은 속내를 헤아릴 수 없게 한다. 그들은 만물과 시기의 변화에 따라 가장 적절한 처세법을 운용하지, 고정불변하지 않으며 꽉 막혀 통하지 않는 행동은 절대 하지 않는 것이다.

동방삭(東方朔, 154~93 기원전 / 62세)

'삼천갑자' 동방삭은 서한시대를 대표하는 문장 형식이라 할 수 있는 사부辭賦의 전문가로 자는 만천曼倩, 평원 염차지금의 산동성 혜민 사람이다.

동방삭은 유머와 재치 그리고 장수의 대명사로 오랜 세월 사람들의 사랑을 받아온 인물이다. 그는 서한 무제시대라는 강력한 군주제와 막강한 국력을 자랑하던 시대를 살면서 그 시대가 안고 있는 각종 모순과 문제점을 꿰뚫어 풍자와 해학으로 시대상을 진단했던 현인이었다. 따라서 그런 시대에 어떻게 처세해야 되는가를 잘 알고 있었던 인물이라 할 수 있다.

그가 아들에게 남긴 편지는 그 시대상의 반영일 뿐만 아니라, 그 시대를 나름의 방식으로 살고자 했던 동방삭의 처세사상의 압축이라 할 수 있을 것이다.

동방삭의 초상과 〈답객난〉 동방삭은 곳곳에 위기가 잠복해 있는 성세를 유머와 해학으로 무장하고 중도의 처세로 잘 헤쳐나갔다. 중도를 지키라는 동방삭의 자녀교육관은 그 당시보다는 오히려 지금 더 호소력이 강하다.

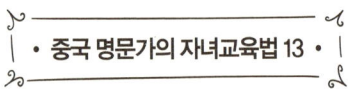

가규교육

: 나라에 국법이 있듯, 가정에도 가훈이 있다 :

나라에 국법이 있듯이 가정에도 나름대로의 규칙이 있어야 한다. 가정에서의 규칙을 가규家規라 하는데 흔히들 가훈家訓이라고도 한다 (다만, 가규는 한 집안의 기본 철학 같은 성격이고, 가훈은 교육법에 가깝다고 할 수 있다). 교육 전문가들은 가규나 가훈은 자녀를 교육시키는 데 상당히 적극적인 작용을 한다고 입을 모은다.

북경사범대학 교육학과 교수이자 교육학자로 중국 교육사와 가정교육에 대한 대표적인 전문가로 꼽히는 곽제가郭齊家 교수는 2017년 4월 18일 호남대 도서관에서 열린 강연 '중국식가교中國式家敎'에서 중국식 가정교육의 특색으로 다음 다섯 가지를 제시했다.

1. 가정의 화목이 사회 화목을 촉진한다.

2. 인륜의 길은 부부에서 시작된다.

3. 가정의 화목을 융합시키는 효도에 주목한다.

4. 가정교육의 가장 유효한 수단은 가훈이다.

5. 가정교육과 아동의 독서에 관심을 기울인다.

곽제가 교수는 그러면서 현대사회의 가정교육은 그 중요성이 더욱 크다는 점을 강조했다. 그러면서 중국식 가정교육의 특징과 장단점을 역사 속에서 찾아 다양한 사례와 함께 제시하고 있다.

아래는 대표적인 가규의 예다.

- 언행일치는 믿음의 종착점이다.(낭야 왕씨 가규)
- 옥은 쪼지 않으면 기물이 될 수 없고, 사람은 배우지 않으면 도리를 알지 못하게 된다.(구양수 집안 가규)
- 어머니는 자애롭지 못함을 걱정할 것이 아니라 자식을 지나치게 사랑하여 자식을 가르치지 못하는 것을 걱정해야 한다.(사마광 집안 가규)

중국 역대 명인들 가운데서 당나라 초기의 명신 이적李勣과 북송의 명신 포청천 포증은 가규를 통해 엄격한 교육 방식으로 자식들을 훌륭하게 성장시킨 본보기로 남아 있다.

이적은 죽음을 앞두고 동생 이필에게 자식들을 맡기면서 다음과 같이 당부했다.

"나를 묻은 다음 바로 동생은 방을 내 방으로 옮겨서 조심스럽게 아이들을 보살피게. 만약 아이들 중 누가 되었건 불량한 행동을 하거나, 질 나쁜 자들과 어울리며 나쁜 짓을 하거든 나를 대신하여 처벌하되 심하면 죽음도 불사하게나."

이적의 이러한 당부는 가정의 규칙을 분명하게 밝혀 자식들이 나쁜 길로 빠져 패가망신하는 일이 발생하지 않도록 하기 위한 배려였다.

한편 청백리의 대명사로 이름난 포증은 자손들을 위해 다음과 같은 가규를 정했다.

"자손들 가운데 관직에 나가 부정한 짓을 저지르면 본가로 돌아오지 못하게 할 것이며, 죽어서도 선영에 묻힐 수 없게 하라. 내 뜻을 따

이적의 초상 이적은 죽음을 앞두고 남은 자식들의 장래를 위해 가정에서의 교육, 가훈과 가규의 중요성을 상기시키며 신신당부했다.

르지 않는 자식은 내 자손이 아니다!"

 이적이나 포증이 남긴 이러한 '가규교육'은 후대에 깊은 영향을 남겼다. 중국 〈해방일보〉의 보도에 따르면 포증의 출생지인 안휘성 비동현肥東縣 대포촌大包村에는 포증의 후손으로 300여 호 1,500여 명이 살고 있는데, 부정부패 등 비리에 연루되어 체포된 사람이 하나도 없다고 한다.

 지금까지 후손들은 포씨 집안의 가훈과 가규를 자랑스럽게 여기면서 서로를 격려하면서 모범적으로 살고 있다. 이러한 엄격한 가정교육은 비록 봉건시대의 산물이긴 하지만 오늘날 우리에게도 심각한 계시를 준다.

 가규를 통해 자식들을 교육시키는 '가규교육'은 가정에서 정한 규범

포증의 초상 공사 분별을 누구보다 강조했던 '철면무사(鐵面無私)' 청백리의 대명사답게 포증은 집안의 엄중한 원칙으로 부정부패를 금했다.

과 약속을 통해 자식들의 품행을 좋게 다듬는 방법이다. 가규는 가족 구성원이 반드시 지켜야 하는 일종의 행위규범이자 행위준칙이다. **가규에는 전통성, 구속력, 엄격함의 세 가지 특징을 갖고 있다.**

오늘날 이 방법을 구체적으로 운용할 때는 다음 다섯 가지를 주의해야 한다.

첫째, 가규가 국가의 법률을 위배해서는 안 된다. 구체적인 조항들이 헌법에 저촉되어서는 안 된다는 말이다. 봉건사회에서는 가장이 아들을 죽음에 처할 수 있었지만, 오늘날에는 모두 위법이므로 이 점을 고려해야 한다.

— **포증의 동상과 무덤** 포증은 '포청천'이라는 별명답게 가정교육에서도 엄격한 가풍을 유지했고, 그 영향은 천 년이 지난 지금까지 미치고 있다. 사진 속 무덤은 강소성 합비시에 위치해 있다.

둘째, 가규의 제정은 가정의 화목과 단결에 유리해야 한다.

셋째, 가규는 아이의 심신 건강에 유리하도록 제정되어야지 지나치게 엄격하고 사나워서는 안 된다.

넷째, 가규를 집행할 때는 반드시 엄숙해야 하며 원칙을 지켜야 한다. 다시 말해 가규의 권위를 지켜야 한다.

다섯째, 가장은 모든 면에서 자식의 모범이 되어 스스로 가규의 규정을 준수해야 한다.

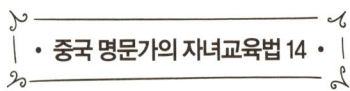

처벌교육

: 엄격함에 사랑이, 처벌에 가르침이 깃들어 있어야 한다 :

중국 공산당 창립에 가장 큰 역할을 한 인물은 이대조李大釗다. 그는 강렬한 역사 의식으로 무장하고 격동기의 중국과 중국 인민에게 올바른 방향을 제시하면서 치열하게 한 시대를 살다가 장렬하게 희생되었다.

특히 그는 역사와 역사 연구의 중요성을 강조했는데, 그는 역사가의 역사 연구 임무를 이렇게 정의했다. 역사가는 사실을 정리하여 그것의 진실성과 정확성의 증거를 찾는 것일 뿐만 아니라, 사실을 이해하여 그것의 '진보적 진리를 찾는' 작업이라고 강조했다. 이대조의 '진보적 진리'라는 표현은 그후 깨어있는 지식인들의 좌우명으로 작용하고 있다.

　이대조가 시대의 선구자로 성장할 수 있었던 데는 가정교육이 크게 작용했다. 특히 할아버지의 엄격한 교육이 뒷받침되었다. 이와 관련하여 이대조의 어린 시절 일화가 전해온다.

　호기심 많은 7~8세로 접어든 이대조는 집 맞은편 사당에 사람들이 모여 들어 도박하는 것을 즐겨 구경했다. 이대조의 할아버지는 손자가 나쁜 습관에 물드는 것이 걱정되어 몇 차례 타일렀다. 하지만 이대조는 도박 구경하는 습관을 버리지 못하고, 무더운 날씨에도 아랑곳하지 않고 여전히 몰래 집을 빠져나가 도박을 구경하러 다녔다.

　그날도 이대조는 도박 구경을 하느라 집에 늦게 들어왔다. 이보다 앞서 도박장에 있는 이대조의 모습을 확인하고 온 할아버지는 여느 때와는 달리 근엄한 표정으로 식탁에 앉아 식사를 하고 있었다. 다녀왔다는 이대조의 인사조차 받지 않은 채 묵묵히 식사를 계속했다.

　분위기가 심상치 않음을 눈치챈 이대조는 할아버지의 눈치를 살피며 식탁으로 다가왔다. 식사가 끝나자, 할아버지는 낮은 목소리로 어딜 다녀왔냐고 물었다. 이대조는 사실대로 말할 수밖에 없었다.

　그러자 할아버지는 엄한 목소리로 이렇게 말했다.

　"내가 전에도 몇 번 말하지 않았더냐? 그곳에 모인 사람들은 일도 하지 않고 냄새나는 동전을 든 채 남의 것만 노리는 몹쓸 사람들이라고. 그래서 그런 곳에서는 배울 것이 없으니 가지 말라고 하지 않았느냐. 그런데도 기어코 또 가고 또 가고 했으니 벌을 받아야 할 것 같구

나. 그렇게 생각하지 않느냐?"

이대조는 아무 말도 하지 못하고 고개를 떨어뜨렸다. 해가 쨍쨍 내리쬐는 밖을 내다보며 한참 생각에 잠기셨던 할아버지는 엄명을 내렸다.

"잘못을 인정한다면 지붕에 올라가서 널어놓은 마를 전부 뒤집어라!"

사정없이 해가 내리쬐는 지붕에서 이대조는 자기 키만한 쇠스랑으로 땀을 뻘뻘 흘리며 널어놓은 마를 뒤집었다. 손자를 끔찍이 사랑하는 할아버지의 마음은 너무 아팠다.

얼마나 지났을까? 할아버지는 이대조에게 지붕에서 내려오게 한 다음, 시원한 물을 마시게 했다. 이윽고 할아버지는 도박 때문에 집안을 망치고 심지어는 눈까지 잃은 사람 이야기를 들려주면서 도박이 얼마나 나쁜 것인지 자상하게 설명해주었다.

벌을 통해 자식을 교육시키는 '처벌교육'은 신중해야 한다. 그러나 '처벌'을 사용하기로 한 이상 엄격하지 않으면 안 된다. **물론 엄격함에 사랑이 깃들어져 있어야 하고, 처벌 속에 가르침이 있어야 한다.**

오늘날처럼 대부분의 가정이 자식을 한둘만 둔 현실에서는 자식에 대한 지나친 편애와 무조건적 강압식교육이라는 두 극단적 편향이 많이 나타난다. 적절한 처벌을 통한 지혜로운 교육법이 더욱 절실하다.

처벌로 자식을 교육시키려 할 때는 다음 여섯 가지에 유의해야 한다.

첫째, 처벌을 남발해서는 안 된다. 동시에 사용하는 빈도가 잦아서는 안 된다. 자식의 결점과 잘못이 발견되면 몇 차례 경고성 교육을 실시하고 그래도 효과가 없을 시에 사용해야 할 것이다.

둘째, 적당한 처벌 방식을 선택해야만 한다. 즉, 자식의 성격을 충분히 고려하여 처벌의 경중을 선택해야 한다는 말이다. 내성적 성격에 고의가 아닌 잘못을 했는데, 처벌이 너무 무거우면 심리적으로 큰 상처를 입게 된다.

셋째, 처벌은 시기적절해야 하며 부모의 태도는 일관되어야 한다.

넷째, 처벌은 아이가 저지른 일에만 한정시켜야지 지난 일이나 다른 일까지 끌어들여 확대해서는 안 된다.

다섯째, 처벌 때 환경적인 요소를 고려해야 한다. 예컨대 다른 사람

이대조의 초상 중국 공산주의의 창립자 이대조는 자상하면서 엄격했던 할아버지에게서 좋은 교육을 받고 자랐다. 중국 공산혁명과 인민들을 위해 자신을 장렬하게 희생할 수 있었던 배경에는 이런 교육이 있었다.

이 보는 앞에서 아이를 처벌하여 아이의 자존심을 해쳐서는 안 된다.

여섯째, 처벌은 엄격함과 관용이 일체가 되어야 하며 처벌 후에는 사랑으로 다독거려야 한다.

처벌은 같은 잘못을 반복하지 않도록 하는 것이 관건이다. 그래서 처벌은 '엄징경벌嚴懲輕罰'이어야 한다. **엄중한 징계로 자신의 잘못을 정확하고 확실하게 깨닫게 하되, 처벌은 가벼워야 한다는 것이다.** 어린 나이에 엄벌은 육체는 물론 정신적으로 심한 영향을 미치지 때문이다.

또 아무리 엄중한 벌을 내려도 잘못을 깨닫지 못하면 처벌법은 전혀 의미가 없다. 이대조 할아버지의 교육법은 그런 점에서 시사하는 바가 적지 않다.

Tips_주희가 아들에게 보낸 가서

친구 사귀는 일은 특히 조심스러워야 한다

선생님이 계신 곳에서 매일 가르침과 지도를 받고 있겠구나. 게으름 피워서는 안 될 것이야. 낮에 생각했던 문제들에 의문이 생기면 손 가는 대로 적어 두었다가 선생님을 뵙거든 여쭈어라. 그냥 대충 넘어가서는 안 된다. 선생님의 가르침을 받고 기숙사로 돌아와서는 중요한 말들은 생각하고 따져보아야 할 것이며, 매일 기록한 필기는 집에 돌아와서도 보고 좋은 문장은 베껴 두어야 할 것이다.

평소 언행을 신중하고 공경하게 해야지 교만하거나 멋대로여서는 안 되며, 게으르거나 흩어져서도 안 될 말이다. 말을 할 때는 분명하고 안정감 있게 해야지 농담을 하거나 시끄러워서는 안 된다. 모든 일을 겸손하고 공경스러운 자세로 처리해야지 기분 내키는 대로 무례하게 대하여 스스로 욕을 먹어서는 안 된다.

술 때문에 학업을 망쳐서는 안 된다. 술을 마시고 언행에 실수가 생기지 않도록 주의해야 하며, 남에게 시비를 걸어서도 안 된다. 이 점은 특별히 유의해라. 다른 사람의 잘못이나 결점 그리고 다른 사람의 장단점과 시비를 비평하지 말거라.

혹시 남이 너의 장단점과 시비를 말하더라도 절대 대응하거나 맞장구치지 않도록 해라. 선생님 앞에서 동학의 결점을 절대 말해서는 안 된다. 친구 사귀는 일은 특히 조심스러워야 한다. 동학이라 할지라도 멀고 가까운 구별이 없을 수 없지 않겠느냐?

모두 선생님께 말씀드려 가르침을 받도록 해라. 대체로 후덕하고 성실하며 충성스러우면서 자신의 결점을 고칠 수 있으면 유익한 친구라 할 수 있다. 기분을 잘 맞추고 가벼우며 교만하고 멋대로이면서 나쁜 일로 동학을 끌어들이는 친구는 해로운 친구다.

이 몇 가지 원칙에 따라 찾아보면 대체로 사귈만한 친구는 파악할 수 있고, 여기에 선생님의 가르침을 받아 고르면 틀림이 없을 것이다. 자신의 뜻이 낮고 평범하여 자신을 이기지 못하고 도를 지킬 수 없겠다며 겁을 먹으면 유익한 친구는 알게 모르게 멀어지고, 해로운 친구가 어느새 네 곁에 와 있게 된다. 이런 것들은 가슴에 단단히 새겨 검토하고 고치지 않으면 안 된다.

무엇보다 시기를 놓쳐서는 절대 안 된다. 나쁜 습관에 물들어 점점 소인에 가까워져 그 지경에 이르면 아무리 어질고 좋은 선생님이라도 구제할 길이 없다.

다른 사람의 선행을 보면 바로 존경과 흠모의 마음으로 기록해 두어라. 너의 글보다 나은 작품을 보면 빌려 외우거나 베껴 두고 또 그에게 가르침을 청하고 마음속으로는 그처럼 잘하겠다고 생각하라. 나이를 막론하고 좋은 것은 본받아야 한다.

이상 몇 가지는 네가 꼭 삼가 지켜야 할 것이며, 이밖에 거론하지 않았지만 미루어 생각해낼 수 있는 것으로는 대개 '근勤'과 '근謹' 두 글자 정도가 될 것이다. 네가 이것을 지켜서 갈수록 나아지면 더할 나위 없이 좋겠다.

내가 분명히 말하진 않았지만 마음으로는 네가 그렇게 할 수 있길 바란다. 만약 반대로 갈수록 뒤처진다면 그보다 더 나쁜 일은 없을 것이다. 요컨대 네가 공부를 잘한다면 집에서도 읽고 쓰고 뜻을 알고 하면서 부모를 떠나 멀리까지 나가서 선생님을 찾아 공부할 필요까지는 없겠지.

스스로 깨우쳐 배울 수 없다면 앞으로의 배움에 성과를 기대할 수 없다. 다만 지금 너를 위해 선생님을 찾아 배우게 한 것은 집에서처럼 마음을 다잡지 못하고 쓸데없는 일에 마음을 쏟지 않을 수 있지 않을까 해서였다. 게다가 집에 있으면 부자지간에 잔소리나 하고 야단만 치게 되어, 갈수록 사이가 멀어질까 걱정도 되었단다. 게다가 그럴 경우에 너는 교우 관계도 좁고, 보고 듣는 견문도 보잘것없어지기 때문에 외지로 보내 스승을 구하게 한 것이다.

그곳에서는 분발해서 힘껏 노력하여 지난날 좋지 못한 습관들일랑 버리고, 오로지 부지런히 공경하는 태도로 마음을 다잡는다면 이 애비도 실망하지 않고 기대를 가져볼 수 있을 것 같다.

잘 생각해보아라! 일찍 일어나고 늦게 잠들어 부지런히 노력하여 부모를 욕보이지 말아야지. 이번 공부에서는 정말 노력해야 한다!

주희(朱熹, 1130~1200, 71세)

중국 사상사는 물론 고려 말 이후 한국 사상계에 지대한 영향을 미친 주희는 흔히 주자朱子라는 극존칭으로 존경받는 인물이다. 동양 정신사에 그가 미친 영향력과 비중은 공자에 버금간다. 중국의 전통 사상사를 시기 구분할 때에 '전기는 공자요, 후기는 주자'라는 말이 있을 정도다.

주희는 생전에 정치적으로는 높은 권력을 갖지 못했다. 하지만 사회적으로는 강학에 따르는 학생들이 많았고 많은 저술로 영향력이 대단했다. 특히 중국 4대 서원의 하나인 백록동 서원을 중심으로 많은 인재를 길러내서 북방에 대비되는 남방 '민학閩學' 학파의 형성에 주춧돌을 놓았다. 그가 죽은 뒤 그 학설과 저작은 이종 황제로부터 존중을 받았고, 이로부터 주희의 학설은 이학의 정통이 되었다. 그와 함께 이학은 관방 철학이 되었고, 주희 역시 역대 통치자들로부터 '대현大賢'으로 존중되었으며, 그 학설은 후대에 거대하고 깊은 영향을 남겼다.

위 편지는 주희가 외지에 공부하러 나간 아들에게 보낸 것이다. 학교나 공부 때문에 자식을 외지로 보낸 부모라면 꼭 한 번 읽어볼 만하다. 공부하는 사람으로서 갖추어야 할 기본 언행, 교우관계, 스승에 대한 자세, 규칙적 생활 등 자식의 생활과 공부 전반에 대해 아주 자상하게 충고하고 있다. 자식 입장에서는 잔소리처럼 들릴 수도 있지만, 엄하면서 자애로운 아버지의 모습이 잔잔한 여운을 남기는 명문임에는 틀림없다.

 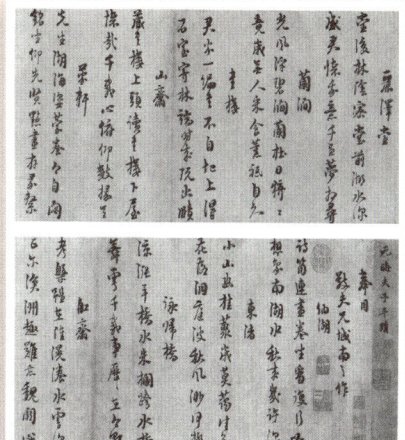

주희의 초상과 글씨 주자는 자녀교육에 세심한 주의를 기울였다. 그러면서 그는 평소 "배움에는 의심 품기가 귀중하다. 작게 의심하면 작게 진보하고, 크게 의심하면 크게 진보하며 의심하지 않으면 진보란 없다."라는 말로 배움에 있어서 생각의 중요성을 강조한 바 있다.

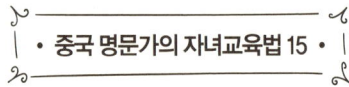

책임감격려

: 평생 가슴에 새겨둘 가르침을 주다 :

죽음을 앞둔 사람은 마음에 가장 걸리는 일을 자식에게 마지막으로 이야기하거나 당부한다. 삶과 결별하는 순간에 나오는 이러한 말은 자식들이 평생을 가슴에 새겨둘 정도로 큰 영향력과 교육적 효과를 가진다.

생애에 가장 극적인 순간에 부모가 남기는 유언은 그 자체로 큰 울림을 가질 수밖에 없기 때문이다. 생의 마지막 순간까지 부모는 자식의 책임감을 한껏 자극하거나 격려하여, 평생 당부한 책임감을 어기지 않고 지켜나갈 수 있게 한다.

서한시대의 역사학자 사마천은 억울한 궁형의 치욕을 딛고 뼈를 깎는 노력 끝에 불멸의 역사서《사기》를 완성했다. 이러한 사마천에게는 사마담司馬談이라는 훌륭한 아버지가 있었다.

아버지 사마담은 사마천이 어릴 때부터 사학자로서 갖추어야 할 자질을 기를 수 있도록 다양한 배려와 교육을 실시했다. 공부하기에 적당한 나이인 열 살 때부터 고문古文을 가르치기 시작했고, 열세 살부터는 역사의 현장에 동행하게 했다.

사마천의 나이 스무 살 때는 천하를 여행하라고 권유했는데, 이 여행은 사마천의《사기》를 역사상 둘도 없는 역사서로 탄생시키는 데

사마담과 사마천 사마담은 맹모와 함께 아버지판 극성 부모라 할 수 있을 정도로 사마천이 역사가로 거듭나는 데 큰 영향을 주었다. 그림은 어린 사마천을 가르치는 아버지 사마담이다. 다음 그림은 집안의 자존심이자, 필생의 업인 역사서를 저술하라고 사마천에게 유언을 남기는 아버지 사마담이다.

결정적인 작용을 했다. 그리고 무엇보다 임종을 앞두고는 사마천에게 강렬한 '책임감격려'를 이용하여 최후의 순간까지 아들을 교육시켰다.

사마담은 마지막 유언을 통해 두 단계로 아들의 책임감을 격려했다. 먼저 아들의 손을 잡고는 눈물을 흘리며 다음과 같이 당부했다.

"우리 선조는 주나라 왕실의 태사太史, 사관를 지냈다. 그 위 세대는 일찍이 하夏나라 천문에 관한 일을 맡아 공업을 크게 떨쳤다. 그 뒤로 쇠하였는데, 내 세대에 와서 끊어지는 것은 아닌지 모르겠다. 하지만 네가 다시 태사가 된다면 우리 선조의 유업을 이을 수 있을 것이다. 지금 천자께서 1,000년 동안 끊어졌던 대통을 이어받아 태산泰山에서 봉선封禪, 하늘과 땅에 지내는 천자의 제사 의식을 거행하게 되었는데, 내가 수행하지 못하다니 운명이로다! 운명이로다! 내가 죽더라도 너는 틀림없이 태사가 되어야 한다. 태사가 되어 내가 쓰고자 하였던 논저論著를 잊지 말도록 하여라 (중략) 그런데 내가 태사령이라는 자리에 있으면서도 그것을 기록으로 남기지 못하여 천하의 역사를 폐기하기에 이르렀구나. 나는 이것이 너무 두렵다. 그러니 너는 이런 내 심정을 잘 헤아리도록 하여라!"

여기서 사마담은 조상의 가업과 영광을 회고하여 자신이 현재 당한 치욕과 대비시킴으로써, 아들의 어깨에 지어진 가문의 책임과 조상 대대로 이어온 가업을 반드시 잇기를 당부하고 있다.

또 사마담은 사회적 책임감이라는 각도에서 아들에게 사관 직책을 잘 수행하도록 격려한다. 사마천은 눈물을 흘리면서 아버지의 유언을 받들겠노라 다짐하면서 이렇게 말했다.

"소자가 비록 못났지만 아버지께서 정리하고 보존하여 온 중요한 기록들을 빠짐없이 다 정리하도록 하겠습니다."

그후 사마천은 아버지의 뒤를 이어 사관이 되어 인류에게 더할 나위 없이 귀한 《사기》를 남겼다. 더욱이 사마천은 《사기》를 집필하던 중 황제에게 밉보여 옥에 갇히고, 일이 꼬여 사형선고까지 받고는 자신의 성기를 자르는 궁형宮刑을 자청하고 풀려나 《사기》를 완성하는, 인간으로서는 상상하기 어려운 고통을 겪었다. 사마천이 이런 극단적이고 고통스러운 결단을 내리는데 있어서, 아버지 사마담의 유언

사마담의 무덤 죽음보다 더 치욕스럽다는 궁형을 자청한 사마천의 극단적 결단 뒤에는 아버지 사마담의 유언이 있었다. 사진은 사마천의 고향인 섬서성 한성시에 남아 있는 사마천의 아버지 사마담의 무덤이다.

은 큰 힘이 되었다.

'책임감격려'는 자식의 책임감을 자극하여 자식의 적극성을 격발하고, 나아가서는 결연한 선택과 행동에 나설 수 있도록 격려하는 것이다. 이는 정확한 동기를 자극하고 적극성과 창조성을 움직여, 그 사람이 가지고 있는 지력을 충분히 발휘하게 함으로써 예상하는 목적을 달성하는 방법이다.

이 방법의 전체적 과정은 '자극 – 내적 동인 – 행동'으로 이해할 수 있다. 따라서 **책임감을 이용하여 자극하는 것은 일종의 수단이고, 그렇게 해서 행동에 나서게 하는 것이 목적이 된다.**

이 방법을 사용할 때의 관건은 책임감을 충분히 이용하여 자극하는 데 있다. 그리고 자극의 목적은 동인을 생산하는 데 있다. 책임감은

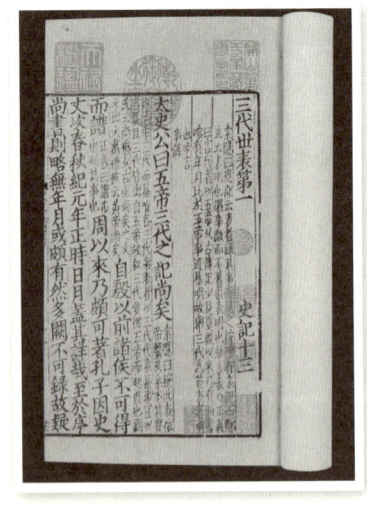

《사기》 사진은 송나라 때 《사기》 판본이다. "백 세대가 지난다 해도 사관은 그 법을 바꿀 수 없고, 학자는 그 책을 버릴 수 없다. 6경이 나온 이후로 이 책이 있을 따름이다."(역사학자 정초)

가정에 대한 책임감과 사회에 대한 책임감으로 나눌 수 있다. 이렇게 해서 자식의 시야와 마음이 넓어져 자신에게 지어진 책임이 중대하고 신성하다고 느끼게 할 수 있으면 행동을 격발하는 데 훨씬 유리하다.

책임감 격려가 자식에게 충분히 작용하기 위해서는 부모의 실천이 전제되어야 한다. 이 실천에는 어렸을 때부터 자식과의 충분한 교감이 포함된다. 즉, 자식이 이 같은 교감을 통해 부모의 가르침과 그에 따른 책임감을 착실히 다지는 과정이 필요하다는 뜻이다. 이런 점에서 사마담과 사마천 부자는 정말 모범적이고 이상적인 사례라 할 것이다.

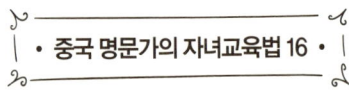

우상격려

: 우상을 본받아 스스로 교육하고 가꾼다 :

어릴 때는 누구나 자신만의 우상을 가진다. 말하자면 마음속에 자신이 동경하는 영웅을 간직하고 그를 본받으려고 노력한다. 오늘날로 보자면 각 분야의 스타들이 바로 수많은 청소년들의 마음속에 자리 잡고 있는 우상이요, 영웅들이다.

과거의 위인들도 그 범주에 포함된다. 따라서 누군가의 본보기가 되는 존재들이 갖는 의미와 역량은 무궁무진하다. 스타들에게 중대한 사회적 책임감이 요구되는 것도 이 때문이다.

부모는 자식이 마음으로 동경하고 있는 우상이나 과거 남다른 행적을 남긴 영웅이나 위인들의 이미지를 이용하여, 자식들을 격려하고

소동파의 동상 중국 역사상 최고의 문장가로 평가받는 소동파는 어머니를 통해 범방이라는 인물을 알고 그를 우상으로 삼았다.

교육할 수 있다. 이러한 교육법을 굳이 표현하자면 '우상격려' 또는 '영웅숭배교육'이라 할 수 있다.

중국 역사상 가장 뛰어난 시인이자 문장가인 송나라 때 동파東坡 소식蘇軾의 어머니는 남편이 외지로 나간 사이 이 '우상격려'를 이용하여 소동파를 효과적으로 자극한 바 있다. 어머니는 동한시대 환관들과 외척의 발호로 정치가 어지러운 상황에서, 강직한 성품을 끝까지 지킨 범방范滂의 이야기를 들려주어 소동파를 교육시켰다.

범방은 환관과 외척이 설치는 부패와 혼란으로 점철된 정치 상황에 저항한 인물이다. 그는 어려서부터 곧은 절개로 명성이 자자했다. 그 인품으로 추천을 받아 벼슬에 나가 부패한 관리들을 색출하고 탄핵

했지만 역부족으로 벼슬에서 자진 사퇴했다.

그 뒤 다시 벼슬에 나가 환관의 발호를 막고자 앞장서서 이들을 공격하다가 파직당하고 옥살이까지 했다. 그가 옥에서 풀려나자, 그를 마중 나온 수레가 수천 대에 이를 정도로 조야_{朝野}의 존경을 한 몸에 받았다. 그러나 환관 패거리들은 이런 범방이 두려워 갖은 모함과 박해로 그를 죽음으로 몰았고, 그는 결국 처형당했다.

하지만 죽음을 앞두고도 의연한 자세를 잃지 않았다. 달아나라는 주위의 권유에 범방은 자신이 도망치면 친구들이 화를 당하기 때문에 절대 안 될 말이며, 자신이 죽어야만 이 재난도 끝날 수 있을 것이라며 거절했다.

그의 어머니도 이런 아들을 자랑스러워하며 다음과 같이 아들을 격려했을 정도다.

"지금 너의 이름이 이응_{李膺. 동한 때의 강직한 장수로 범방에 앞서 환관당과 투쟁했던 지사}이나 두밀_{杜密. 이응과 함께 '이두(李杜)'로 불린 강직한 인물로 환관을 제거하려다 실패하여 자살했다}과 같은 강직한 인물들과 나란히 거론되고 있으니 죽어도 여한이 없을 것이다. 훌륭한 명성을 얻었는데, 여기에 장수하길 바라는 것은 지금 같은 세상에서는 불가능한 일 아니겠느냐?"

어린 소동파는 어머니가 들려주는 범방의 이야기에 큰 감동을 받아 장차 크면 범방 같은 인물이 되겠노라 결심했고, 범방의 이미지는 소동파의 마음 깊이 뿌리를 내렸다.

'우상격려'는 아이들이 인지와 선택을 통해 자신들의 마음속에 본받을 만한 인물의 형상을 심어 놓고, 이를 통해 자신의 언행을 격려하는 데 큰 도움을 줄 수 있는 교육법이다.

우상이나 영웅은 자아관념을 대상화한 결과물이자, 이성적 선택과 감성적 공감이 일치하는 숭배 대상이다. 그 때문에 자라나는 아이들에게 미치는 영향력이 상상 외로 크다.

즉, 우상은 우상에 대한 숭배 과정을 통해 나타나는 '우상 효과'를 실현할 수 있도록 자극을 준다. <u>'우상 효과'란 심리적으로 스스로를 교육하고 스스로의 모습을 가꾸고 위로하는 심리적 과정이다.</u> 쉽게 말해 자신이 숭배하는 우상의 사상과 언행을 본받고자 하는 과정이다.

따라서 어떤 성격의 아이가 되었든 우상의 선택만 적절하다면 여러 면에서 긍정적인 자극을 받을 수 있다.

우상격려가 이처럼 신기할 정도로 적극적인 효과를 내는 만큼 방법에 있어서 주의하지 않으면 안 되는 점들이 있다.

첫째, 우상의 선택에 신중을 기하지 않으면 안 된다. 아이의 성격이 가장 중요하며, 소질과 희망 그리고 흥미 등을 다양하게 고려하여 우상이 될 만한 인물을 선택해야 한다. 자칫 자신과 맞지 않거나 엉뚱한 우상을 선택하여 모방하다가는 아이의 장래를 완전히 망칠 수도 있기 때문이다.

둘째, 상황 변화에 따라 우상화의 대상도 새롭게 바뀌도록 주의해야 한다. 이는 달리 말해 아이가 한 대상에만 집착하지 않도록 다양한 선택환경을 제공해야 한다는 것이다. 요컨대 우상숭배의 선택은 오로지 교육의 목적과 필요에 따라 아이를 위해 활용해야 하는 것이다.

　헐리웃 영화 〈스파이더맨〉을 보면 삼촌이 주인공에게 "큰 힘에는 큰 책임이 따른다."라고 충고하는 장면이 나온다. 아이들은 비록 영화 속 캐릭터이지만 자신들의 우상 스파이더맨을 통해 힘과 책임이라는 가치에 대해 생각하면서 성장한다. 우상이 미치는 영향력은 결코 만만치 않다(실제로 미국 청소년들에게 스파이더맨이나 슈퍼맨은 거의 절대적 영웅이자 우상으로 확고하게 자리잡고 있다).

과거 우상으로 불리는 자기 마음속의 영웅을 지금은 대개 멘토라 부른다. 그래서 우리는 살아가면서 늘 이런 멘토를 갈망한다. 그 갈망의 정도는 청소년 시기에 더하다.

　생태적 환경자들의 말에 의하면 오래된 숲에 심은 나무가 넓은 벌판에 심은 나무보다 잘 자란다고 한다. 그것은 아마도 나무의 뿌리가 전에 살던 나무가 만들어놓은 복잡한 경로를 통해 좀 더 깊이 자리를 잡기 때문일 것이다.

　수많은 나무뿌리는 시간이 흐르면서 서로 접목되어, 보이지는 않지만 지하에서 상호의존적인 생명의 지형을 만들고 있다. 그래서 사실상 강한 나무들이 약한 나무들과 자원을 공유하면서, 숲 전체가 좀 더 건강해지고 있다. 마찬가지로 인간도 선대의 존재 속에서 성장할 때 가장 번영을 누린다.

　우리의 뿌리는 길이 있다고 해서 무턱대고 뻗어 내리지는 않는다. 그러나 우리는 타인들이 존재하고 있기에 좀 더 완전하게 우리 자신이 될 수가 있다. "지금의 우리가 있기에 지금의 내가 있다."라는 속담도 있듯이, 멘토는 보이지 않는 삶의 지형에 있어서 중요한 일부분이다.

중국 최고의 시인 이백李白은 젊은 날 막강한 무공으로 악한 자들을 혼내주는 협객의 꿈을 꾸었다고 한다. 그의 시 〈협객행俠客行〉은 그렇게 해서 탄생했다.

조趙의 나그네 호영胡纓이
서릿발처럼 빛나는 오구吳鉤를 휘두르며
은빛 안장의 백마에 높이 올라타고
유성처럼 천하를 누비다.
열 걸음마다 한 사람을 죽이고
천 리를 달려도 멈출 줄 모르더니
할일이 끝나면 소매를 떨치고 떠나며
자신의 이름을 숨기다.
신릉군信陵君의 식객인
주해朱亥와 후영侯瀛은
항상 검을 뽑아 무릎 위에 올려놓고
담소하며 술잔을 기울이더니,
석 잔의 술을 마시며 쾌히 승락하면
그 약속은 오악五嶽보다 무겁고

술이 얼큰해지면 그 위엄이 무지개처럼 뻗쳐나.

조나라를 구하기 위해 금추金鎚를 휘두르니

먼저 한단 땅이 놀라 진동하다.

천추에 이름을 빛낼 두 장사는

대량성大梁城에서 혁혁한 명예를 드날리다.

그 협골俠骨의 향기 영원히 남아

후세의 영웅들의 모범이 되었다.

그 누가 그들을 말할 때

머리 숙여 감탄하지 않으리!

범방의 초상 어린 소동파의 마음에 영웅으로 각인된 범방의 행적은 훌륭한 교육적 영향력을 담지하고 있다. 불의와 부정 앞에서 결코 흔들리지 않았던 범방의 기개와 지조가 그만큼 강렬하게 인식되었기 때문이다.

이렇듯 각자 마음속에 새겨 넣은 우상은 성장과 성숙에 큰 역할을 할 수 있다. 정신적으로 황폐해지는 현대사회는 어쩌면 이런 우상과 멘토를 더욱 필요로 하는지 모른다. 여기에 자녀의 관심과 취향을 잘 살필 줄 아는 부모의 자상한 배려가 보태지면, 우상과 멘토의 역할은 한결 긍정적으로 작용하게 될 것이다.

이백의 초상 젊은 날 이백의 우상은 불의한 세상을 검 한 자루로 맞섰던 협객들이었다. 우상은 자녀들의 호기(浩氣)를 기르는 데 가장 좋은 교재가 될 수 있다.

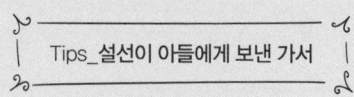

Tips_설선이 아들에게 보낸 가서

어떤 자들은 몸은 사람 모습이지만 행동은 금수와 다를 바 없다

사람이 짐승과 다른 점은 윤리와 도덕이 있기 때문이다. 윤리가 무엇이냐?

아비와 아들, 군주와 신하, 남편과 아내, 늙은이와 젊은이, 친구 이 다섯 가지는 인륜의 순서다. 또 아비와 아들 사이의 애정, 군주와 신하 사이의 상호 공경하는 예의, 부부 사이의 내외 분별, 늙은이와 젊은이 사이의 순서, 친구 간의 믿음 있는 우정 이 다섯 가지는 하늘의 이치다.

윤리를 분명히 알고 완전히 실천해야만 비로소 사람이라 할 수 있다. 만약 행위가 윤리를 상실하면 사람의 형체를 하고 있다고 하더라도 사실 짐승과 뭐가 다르겠느냐?

대저 금수가 아는 것이라곤 목마르면 마시고, 배고프면 먹고, 암수 음양의 본능상 색욕을 교환하는 것뿐, 윤리에 대해서는 우매하고 무지하다.

따라서 그것들은 배고픔과 색욕이 채워지면 날고, 소리 지르고, 빙글빙글 돌며 떼를 지어 놀다가, 쉬고 할 뿐 다른 일은 하지 않는다.

인간의 몸으로 다섯 가지 인류 도덕의 이치를 모른 채 먹는 것과 남녀 간의 욕망만 알아서 하루 종일 놀고 미친 듯 쏘다니기만 한다면 금수와 무슨 구별이 있겠느냐?

성현들은 인간이 금수처럼 되는 것을 걱정하여 자리에 있으면서도 공부에 힘쓰며 교화를 시행하여 천하 후배들이 윤리를 실천할 수 있게 했으며, 벼슬에 나가지 않더라도 저술을 통해 자기주장을 세상에 펼쳐 후배들이 윤리를 실천하길 희망했다. 성현의 처지도 곤궁할 때와 잘 나갈 때의 차이가 있지만, 그들의 교화가 만세만대 인민의 마음을 어루만지기는 똑같다.

너희가 어차피 하늘과 땅, 정신과 물질의 응축 및 아버지 할아버지의 혈기와 형체, 유전자를 얻어 사람으로 태어났으니 어떻게 하면 사람의 도리를 실천할 수 있을까 생각해볼 수 없겠느냐?

인간의 도리를 실천하고자 한다면 성현의 수양과 교화라는 모범과 후대를 위해 남긴 전적들, 이를테면 문자의 형태와 소리와 뜻을 연구한 것이나, 《논어》《맹자》《중용》《대학》의 사서와 육경과 같은 전적들을 통독하고 사색하고 체득하는 한편 일상생활 및 사람들과 화목하게 잘 지내는 사이에 실천해야 할 것이다.

성현이 군주와 신하 간에 예의가 있어야 한다고 했다면 예의를 다하도록 노력하면 될 것이다. 성현이 부부간에 내외 구별이 있어야 한다고 했다면 이를 실천하기 위해 애를 써야 한다. 성현이 늙은이와 젊은이 사이에 순서와 차례가 있다고 하였으니, 그 순서를 지키는 데 최선을 다해야 할 것이다. 성현이 친구 간에 믿음이 있어야 한다고 했던 바, 친구 간에 성실과 신뢰를 다하도록 노력해야 할 것이다.

이 다섯 가지 항목을 몸과 마음을 다해 제대로 해낸다면 일상생활은 물론 몸과 마음이 절로 인륜도덕의 이치에서 멀어지지 않게 되고, 그러면 사람이라 할 수 있을 게다. 적어도 금수의 경지로 추락하는 것은 면할 수 있을 게다.

어떤 자들은 매일 배불리 먹고 따뜻하게 입으면서도 마음으로 사색하지 않고 육체의 안락함과 욕망만을 추구하고 분수에 맞지 않는 사욕에 탐닉하는데, 이런 자들은 몸은 사람 모습을 하고 있지만 행동은 실제 금수와 다를 바 없다.

위로는 나를 창조한 하늘과 땅에 부끄럽고, 아래로는 나를 낳아준 부모에게 치욕을 입히는 꼴이다! 어떻게 이 세상에 똑바로 발을 디디고 살 수 있겠는가?

너희들은 근신하도록 힘써라! 몸과 마음을 다해 인륜 도덕의 이치를 다하는 것, 이것이 내가 가장 간절히 바라는 것이다.

설선(薛瑄, 1389~1464 / 76세)

중국 명나라 초기의 철학가로 자는 덕온德溫 호는 경헌敬軒에 산서성 하진 출신이다. 어려서 시를 잘 지었고, 정주 이학을 공부하여 이치를 밝히고 본성 회복을 강조했는데, 특히 몸소 실천을 중시했다. 그는 이른바 하동학파의 창시자로 일찍이 주희의 백록동서원白鹿洞書院에서 학생들을 가르쳤는데, 당시 사람들이 그를 존경하여 설부자薛夫子라고 불렀다. 진사進士 출신으로 일찍이 대리시정경大理寺正卿, 예부시랑禮部侍郎, 한림원학사翰林院學士 등을 지냈다.

만년에 벼슬을 그만두고 집에서 학생들을 가르치며 저술활동을 하였다. 그는 이理는 마음속에 구비되어 있고, 성性은 곧 이理라는 관점을 가지고 있었다. 저서로는《속서록讀書錄》《설문청집薛文淸集》이 있다.

설선은 아들에게 보낸 이 편지에서 오륜은 인간과 금수의 구별점이라는 것을 맨 먼저 지적한 다음, 그 항목만 알고 실천하지 않으면 무용지물이므로 그 실천을 위한 구체적 방안과 실천 덕목, 즉 공부와 오륜의 실천을 제시한다. 그런 다음 아무 생각 없이 사욕에 탐닉하는 자는 조물주와 부모에 욕을 보이는 것이니, 삼가 가슴에 새겨서 노력하라고 충고하고 있다.

설선의 초상 명나라 이학(理學)의 으뜸이요, 도학(道學)의 기초를 놓았다는 평가를 받는 설선은 인간의 존엄함을 지키기 위해 공부와 오륜의 실천을 병행하라고 강조했다.

• 중국 명문가의 자녀교육법 17 •

허심탄회

: 진실하고 솔직하게 속마음을 나누다 :

중국의 유명한 혁명가이자 시인으로 중화인민공화국 10대 원수의 한 사람으로 추앙받는 진의陳毅는 자녀교육 때문에, 1963년 8월에 여러 차례에 걸쳐 아들과 진솔한 대화를 나누었다고 한다. 그는 이 대화를 통해 혁명가로서 자신이 걸어온 길을 허심탄회하게 술회하여 방황기에 있던 아들과 정신적으로 소통할 수 있었다.

진의는 먼저 외할아버지와 접촉하는 과정에서 부패에 찌든 관료사회의 추악한 모습을 보고, 썩고 낙후된 중국의 정치제도에 대해 나름대로의 인식을 가지게 된 이야기를 했다.

이어 지주 가정에서 태어나 집안이 몰락한 뒤에 겪게 된 사회적 불공평과 원인 모를 반항의식 등에 대해 솔직하게 들려주었다.

진의의 초상 혁명가 진의는 문화대혁명 기간 중 반대파의 박해를 받아 모든 공직을 박탈당하는 등 혹독한 시련을 겪었다. 이런 경험이 자식과의 진솔한 대화에 큰 도움이 되었다.

 이어 서양교육을 받게 되면서 나라를 강하게 만들려면 서양을 배워야겠다는 생각이 들었고, 이때부터 민족에 대한 책임감 같은 것이 강하게 치밀어 올랐다고 회고했다.
 다음으로 진의는 서양으로 가서 공부하면서 자유, 평등, 박애와 같은 사상으로부터 영향을 받는 과정에서 자산계급의 안락한 생활을 동경하기도 했으나, 오래지 않아 빈민계급과 노동자들의 비참한 생활을 체험하면서 새로운 가치관을 갖게 된 과정을 상세히 들려주었다.
 그러면서 진의는 당시 자신이 겪은 사상과 진로 문제에서의 격렬한 갈등을 고백했다. 박사 학위를 따서 상류사회로 진입하고 싶은 욕망에 괴로워한 날들과 이를 이겨내고 인민을 위해 평생을 바치겠노라 결심하게 된 자신과의 힘겨운 투쟁 과정을 가감 없이 들려주었다.

진의는 사정없이 자신을 해부한 다음 아들에게 이렇게 말했다.

"나의 각오는 늦은 편이었다. 하지만 한 번 각오한 이상 변치 않고 굳게 실천했다. 각오는 늦어도 상관없다. 반복되어도 두려워할 것 없다. 문제는 각오가 진실해야 한다는 것이다. 거짓으로 남보다 빨리 각오하는 것은 소용없다. 잘못을 두려워할 것이 아니라, 고치지 못하는 것을 두려워해야 한다."

진의가 아들에게 활용한 이 교육법을 '허심탄회'라 한다. **부모와 자식 사이에 속마음을 숨김없이 터놓고 대화할 수 있는 기회를 우리는 얼마나 자주 가지는가?**

어쩌면 이보다 더 좋은 교육법도 없을 것 같다. 진의의 교육법에서 다음과 같은 네 가지 특징들이 발견된다.

첫째, 진의는 자식의 심리적 동태를 놓치지 않고 파악하여 평상시와 다름없이 담담하게 대화를 나누었다.

둘째, 가족사를 들려주는 형식으로 아들의 마음을 잘 이끌어냈다.

셋째, 자신이 겪은 과정을 진솔하게 들려줌으로써 대화의 분위기를 진지하게 이끌었다.

넷째, 자신을 잘 해부함으로써 자식이 진심으로 아버지를 이해할 수 있게 했다.

'허심탄회'는 자식의 맺힌 감정을 풀어준다는 기초 위에서 진지하고 진솔한 마음의 대화를 나누는 방식이다. 이는 심리적으로 서로를 받아들이게 되고 의사가 소통하게 되어, 서로의 감정과 사상이 트임으로써 문제를 해결하는 방법이다.

단, 이 방법은 성년이 된 자식에게 적용해야 하는 한계가 있다. 이 방법의 관건은 심리적으로 서로를 허용하여 소통하고 감정을 나누는 데 있다. 이를 '사유공감思惟共感' 또는 '사상공명思想共鳴'이라 부를 수 있겠다.

이 방법을 운용할 때는 다음 네 가지를 주의해야 한다.

① 자식이 심리적으로 어떤 문제를 가지고 있는지 잘 파악하여 대화의 내용을 결정해야 한다.

② 부모 자신을 잘 해부하여 심리적으로 서로를 허용하고 소통할 수 있도록 허용점을 잘 맞추어야 한다.

③ 마음을 트는 과정에서 부모를 자식과 같은 위치에 놓을 수 있어야 한다.

④ 대화의 말투는 온화하고 친절해야 한다. 성난 기색이나 나쁜 말은 절대 피해야 한다. 훈계조의 말투도 피해야 한다.

부모는 자식에게 자신의 속마음을 털어놓기가 어렵다. 따라서 허심탄회하게 속마음을 털어놓기 위해서는 기회를 잘 선택해야 한다. 자주 이 교육법을 반복할 수 없기 때문에, 한두 번에 적절한 효과를 거둘 수 있어야 한다.

물론 허위나 가식 또는 일부러 기회를 만드는 것은 반대다. 역효과를 내기 십상이기 때문이다. 늘 마음 한 자락에 기회를 담아 두었다가

서로의 감정 교환이 자연스럽게 이루어질 수 있다고 판단될 때에 꺼내면 된다.

  진의는 자신의 삶 전체를 토로하는 식으로 자식을 격려하고 교육했지만, 부모의 일생 중 중요한 단락이나 그에 따른 경험을 이야기하여 자녀의 관심을 먼저 끄는 방법도 좋을 것 같다. **언제 어떤 방법을 쓰던 가장 중요한 전제는 진솔함이다.**

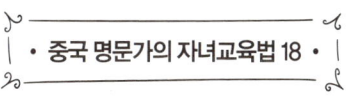

방증사례인용

: 이치가 타당하면 마음으로 복종한다 :

어쩌면 대안교육을 처음으로 실천에 옮긴 아버지로 평가받을지 모르는 도연명陶淵明의 자녀교육법에는 정겨움과 친절함이 물씬 풍긴다. 도연명은 아이들에게 보낸 편지에서 이런저런 사례들을 많이 인용했다. 이런 교육법을 '방증사례 인용'이라 한다.

가정교육에서 아이의 심리에 어떤 문제가 생겼다고 판단될 때, 부모는 사실에 바탕을 둔 다양한 방증사례를 인용하여 아이를 설득시킬 수 있다. 이 방법은 판에 박힌 남에 대한 비난에 비해 훨씬 좋은 효과를 거둘 수 있다.

속담에 **"이치가 타당하면 마음으로 복종한다."**라고 했다. 방증사례는 역사상 실제로 발생했거나 존재한 것이지 빈말이나 허구가 아니다. 그렇기 때문에 적절하게 인용하여 활용하면 그 효과가 상당하다.

전원 시인 도연명은 자식들에게 보낸 편지에서 다양한 방증사례를 끌어다 고난한 삶을 스스로 선택한 자기 삶의 철학에 대한 이해를 구하고 있다. 도연명은 먼저 자신이 부당한 세속의 부귀를 마다한 결단을, 공자의 제자 자하子夏가 부귀와 수명은 억지로 구한다고 얻어지거나 늘어나는 것이 아니라고 말한 사례를 인용했다.

자하는 "벼슬하면서 여유가 있으면 공부하고, 공부하면서 여유가 있으면 벼슬하라." "널리 배우고 의지를 돈독히 하라." 등과 같은 공부와 자기 수양에 관한 명언들을 남겼고, 그 자신 또한 그런 주장을 실천으로 옮겼다.

도연명 또 유명한 '관포지교管鮑之交'라는 고사성어를 끌어다 참다운 우정이 한 사람의 일생에서 얼마나 중요한 비중을 차지하는가를 이야기했다. '관포지교'는 관중과 포숙 두 사람의 우정이 개인의 차원에만 머무르지 않고 나아가 백성과 나라에까지 영향을 미친 천고의 고사성어다. 도연명은 이 고사의 사례로 자식들을 격려했던 것이다. 그러면서 도연명은 서로 아끼고 사랑하라는 우애의 정을 특별히 강조하면서, 자신과 같은 시대를 살았던 한원장 집안의 우애를 가까운 예로 들었다.

방증사례를 들어 자식을 교육시키는 이 방법의 장점은 이렇다. 우선 **방증사례는 느낌을 줄 수 있다.** 듣는 아이가 사실에 대해 사고할

도연명의 초상 자신의 지조를 지키기 위해 전원으로 이사하여 자식들을 자연과 더불어 키웠던 대안교육의 선구자로 불러도 무방한 도연명은 아이들과 정말 제대로 놀아준 아버지였다.

수 있기 때문에 충분히 느끼고 받아들일 수 있는 것이다. 그리고 **방증사례는 구체적이다.** 인용된 사례들은 결론적인 것이 아니며 추상적인 이론이나 정의도 아니다. 그것은 인간의 구체적인 행동이기 때문에 쉽게 받아들여지는 것이다.

이 교육법은 상대를 설득하는 데 유효한 방법이기 때문에 다음 네 가지에 유의해야 한다.

첫째, 방증사례가 '타당'해야 한다. 직면한 문제와 서로 대응할 수 있는 사례여야 한다는 말이다. 이런 점에서 보자면 역사적 사실을 사례로 드는 것이 상당히 효과적이다.

둘째, '실제적'이어야 한다. 인용하는 사례는 문제를 설명하기 위한 것이지 인용하는 사람의 학식이나 수준을 뽐내기 위한 것이 아님을 명심해야 한다. 관건은 문제를 설명하기 위한 실제적 필요성에 맞느냐 또 실용적 가치가 있느냐에 달려 있다.

셋째, '생생'해야 한다. 사례에 자신의 견해를 녹여서 생생하게 전달해야지 마치 옛날 사람이 설교하듯 틀에 박힌 방법으로는 안 된다.

넷째, '참신'해야 한다. 방증사례 자체가 오늘날 보아도 새로운 의미를 가지는 것이어야 한다. 진부하면 설득력이 떨어지기 마련이다.

도연명은 전문적인 교육학자가 아니었음에도 불구하고 위와 같은 지적에서 거의 벗어나지 않는 방증사례로 아이들을 이끌고 있다. 형제의 화목을 강조하기 위해 도연명은 동한시대의 명사 한원장 집안을 예로 들었다. 한원장은 재상 자리에까지 올랐고 80세까지 장수했는데 형제들이 끝까지 함께 살았다고 한다. 도연명이 형제들의 우애를 거론한 방증사례는 지금 보아도 생생하다.

도연명의 석상 벼슬을 그만두고 전원으로 돌아가려는 마음을 밝혀 일명 '퇴관 성명서'로 불리는 《귀거래사(歸去來辭)》라는 천고의 명작을 남긴 도연명의 석상이다.

| Tips_요신이 아들에게 보낸 가서 |

귀천은 무상하며
오로지 자신에게서 비롯될 뿐이다

옛사람들이 선행을 한 까닭은 좋은 명성을 추구하기 위해서도, 남의 비위를 맞추기 위해서도 아니었다. 자기 마음속에서 우러나 그것이 인간으로서 해야 할 본분이라고 생각했기 때문이다.

따라서 어려울 때나 잘 나갈 때나 자신의 지조를 손상시키지 않고, 처음부터 끝까지 한결같았던 것이다. 앞으로 나아가면 하늘의 의지에 부합하고 뒤로 물러서면 인간의 도리에 맞았다. 신명이 그를 지켜주고 사람들은 그를 존경했다. 명성이 자연스럽게 드러나고 영광과 이익 또한 자연스럽게 찾아온다. 이는 흐름이 그렇게 만들 수밖에 없는 결과가 아니고 무엇이겠는가!

겉으로는 세속에 영합하면서 속에다 심기를 감추고 있는 사람과 말은 충직한 것처럼 들리지만 실은 음흉한 마음을 품고 있는 사람도 있다. 자신을 칭찬하는 소리를 들으면 기뻐 어쩔 줄 몰라 하면서 더욱 더 잘할 것처럼 자신을 꾸미지만, 일단 질책을 받고나면 바로 선행의 마음을 잃어버린다.

좋은 명성이나 자리를 잃어버리면 원한을 품고 좋은 사람을 해치는 경우도 많다. 하지만 그런 자는 한 사람만을 원망해도 모든 사람이 그를 미워한다. 그런 자는 착한 한 사람만 해쳐도 모든 사람이 그를 나무란다. 그렇게 되면 남을 해쳐 높은 자리에 오르려 해봤자 불가능하며, 되려 자신을 그르칠 뿐이다.

진실과 거짓은 감출 수 없으며, 칭찬과 비판은 멋대로 왜곡할 수 없다. 가식을 버리고 좋은 길을 따르며, 주관적이고 독단적인 마음을 버리고 남의 장점을 다각도로 관찰할 수 있다면 막힘없이 두루 통할 수 있다.

독단과 사사로운 마음을 없애고 타인을 위해 여러 방면으로 생각하고, 장애와 사악함을 멀리하고, 안정과 상서로움으로 통할 수 있다면 크게 넓힐 수 있다.

사람의 높고 낮음은 고정불변이 아니라 자신이 불러들이는 것이다. 선행하면 평민의 자식이라도 왕공의 지위에 오를 수 있고, 선행하지 않으면 왕공의 자식이라도 평민으로 떨어질 수 있다. 그러니 스스로 선행하는 데 힘쓰지 않을 수 있겠는가?

요신(姚信, ? ~ ?)

요신에 대해서는 알려진 바가 거의 없다. 나고 죽은 해도 알려져 있지 않다. 다만 삼국시대 오나라 무강지금의 절강성 전당 사람으로 자는 원직元直 또는 덕우德祐라 했다. 국가의 의례와 제사를 담당하는 관직인 태상경太常卿을 역임했고, 천문과 역학에 정통했다고 알려져 있다. 〈사위士緯〉라는 글을 지었는데, 음양오행을 이용하여 인물의 재능과 성품을 평가했다고 한다. 《주역주周易注》를 저술하기도 했다.

이 편지는 삼국시대 오나라 사람으로 역학과 천문에 밝았던 요신이 아들을 훈계한 것이다. 요신은 음양오행의 논리로 사람의 성품과 재능을 평가하는 글도 남겼는데, 이 편지에서도 《주역》의 괘를 인용하고 있다. 편지는 인간의 본분에 대한 이야기가 요지라 할 수 있다. 자신의 지조를 끝까지 지키면서 솔직하게 처신하고, 타인의 장단점과 처지를 두루 살펴 일을 한다면 명예와 부귀가 절로 따를 것이라는 점을 강조하고 있다.

요신은 특히 타인의 장점과 단점을 잘 살피고, 자신의 주관과 독단을 경계하면서 타인의 처지를 고려할 것을 강조하고 있는데, 천 수백 년 전 당시로서는 참으로 보기 힘든 처세 요령이다. 이는 타인과 사회에 대한 봉사를 의미한다.

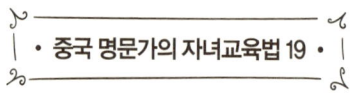

동심계발

: 인간의 모든 배움은 의문에서 비롯되었다 :

역대 중국의 주요한 사상가들치고 학습에 있어서 의문 품기와 생각을 강조하지 않은 사람은 없었다. 공자의 수제자 중 한 사람이었던 자장子張은 "널리 배우고, 뜻을 돈독히 하고, 간절히 묻고, 생각하길 좋아하면 어짊이 그 안에 깃든다."라고 했다.

이중 '간절히 묻고'라는 '근사近思'를 따서 훗날 유학자 주희와 여조겸呂祖謙은 여러 학자의 문장을 모은 《근사록近思錄》을 편찬하기도 했다. 이 책은 학습에 있어서 부딪치는 주요한 문제들을 간추린 생활과 학문의 지침서이자, 유가의 중요한 고전으로 자리잡았다. 유학자들에게는 필독서였다.

의문을 품고 질문하는 것은 인간의 본능에 가깝다. 무엇인가를 배우고자 하는 학습 욕구는 인간뿐만 아니라 모든 생명체의 본능이기도 하다. 하지만 나이가 들면서 의문을 품고 질문을 하는 빈도는 줄어든다. 호기심이 줄어들었기 때문이고, 생활에 지쳐 주위의 이런저런 상황에 관심을 기울이지 않기 때문이다.

어린이는 하루에 평균 98번 새로운 시도를 하고, 113번 웃으며, 65회 질문을 한다. 어른은 하루에 2회 새로운 시도를 하고, 11번 웃으며, 6번 질문한다. 자라나는 어린아이들은 모든 것이 궁금하다. 그래

자장의 초상 공부에 있어서 묻기와 생각을 강조한 공자의 제자 자장의 초상이다. 자장의 성과 이름은 전손사(顓孫師)이다. 성이 '전손'이고 이름이 '사'다. 〈논어〉에는 '사'로 많이 나온다.

서 의문을 품고 수시로 질문하는 것이다.

이런 어린아이의 세계를 흔히들 동심童心의 세계라 한다. 동심에서 비롯된 질문과 의문 품기는 근본적인 것이 많다. 특히 생명체의 탄생에 대한 궁금증은 모든 동심의 공통점이기도 하다.

그런데 대부분 부모들은 이런 질문들을 무시하거나 적당히 얼버무린다. 그러면 아이들은 입을 닫는다. 동심의 계발이 정지되면 건강하게 성장할 수 없다. 동심을 계발하는 교육법이 중요하다는 뜻이다.

"아빠, 아빠는 누가 길렀어?"

"아빠의 아빠 엄마가 길렀지."

"아빠의 아빠 엄마는 누가 길렀어?"

"아빠의 아빠 엄마의 아빠 엄마가 길렀지."

"그 아빠 엄마의 훨씬 이전 맨 처음 사람은 어디서 나왔어?"

"그 문제는 간단하게 말할 수 없구나. 게다가 너처럼 대여섯 살 아이가 이해하기는 더 힘들단다. 그러니 좀 더 커서 학교에 가면 선생님께서 가르쳐주실 거야. 그때 잘 배우면 그런 문제들을 해결할 수 있어."

"아빠, 사람은 누구나 다 죽는 거야?"

"늙어서 죽거나 병이 들어 낫지 못하면 죽게 되지."

"아빠가 먼저 죽고 그다음 엄마, 그리고 내가 맨 나중에 죽는 거야?"

"그렇단다."

"아빠가 죽고 나면 이 책들은 다 어떻게 해?"

"너한테 주려고 하는데 좋아?"

"이렇게 많은 책을 다 어떻게 읽어? 필요 없는 것들은 어떻게 해?"

"다른 사람한테 줘도 괜찮아."

"좋아."

"아빠, 아빠가 죽으면 이 옷들은 어떻게 해?"

"너한테 줄 테니 커서 입으렴."

"좋아."

　위 두 대화는 중국이 낳은 가장 위대한 문학가이자 혁명가였던 노신魯迅이 마흔아홉에 낳은 어린 아들과 나눈 것이다. 그는 참 자상하고 각별한 아버지였다. 노신이 어린 아들과 대화를 나누면서 아들을 교육시킨 방법을 '동심계발'이라 한다. 이 교육법의 관건은 부모가 아이의 눈높이에 맞추어 동심을 회복하느냐 여부에 달려 있다.

　노신은 아이의 어렸을 적 사유를 활기차게 길러주는 데 큰 관심을 기울여, 아이의 호기심을 아끼고 아이의 지적 욕구를 만족시킴으로써 아이의 지력 개발에 훌륭한 터를 닦아 주었다.

　노신의 '동심계발'에서 다음 세 가지를 주목할 필요가 있다.

　첫째, 동심을 살려 어린아이의 사유를 활발하게 발전시키도록 신경을 썼다는 점이다.

　둘째, 평등한 태도로 아이를 대하고, 아이를 사랑한다고 해서 무작정 편애하지 않았다.

셋째, 아이의 동심 그 자체를 활용하여 아이를 이끌고, 교육의 중심을 아이의 심신 건강을 기르는 데 두었다.

동심계발은 대개 두 단계로 나누어 운용할 수 있다. 첫 단계는 부모가 아이의 심리적 특징을 제대로 발견하고 파악하는 것이다. 두 번째 단계는 아이의 심리적 특성을 파악한 후에, 어떻게 계발하고 이끌 것인가 하는 문제를 던져야 한다.

이 단계가 관건이다. 이 단계에서는 다음 두 가지에 주의해야 한다.

① 부모에게 동심이 있어야 한다. 그래야만 아이의 심리로 문제를 생각하고, 아이의 입으로 아이와 대화하고, 아이의 동작으로 아이와 놀 수 있기 때문이다.

노신의 가족 노신은 죽는 날까지 순수한 영혼을 잃지 않았던 위대한 혁명가이자 문학가였다. 그리고 늦게 본 자식의 교육에 세심하게 신경을 써가며 동심을 살리고 계발하려 한 남다른 아버지이기도 했다.

② 좋은 계발법을 생각해내야 한다. 방법은 많지만 아이의 심리적 특성에 근거해서 계발하는 것이 열쇠다.

전문가들은 아이의 동심을 계발하고 이끄는 구체적인 방법들로 비교법, 우회법, 반증법, 비유법, 거꾸로 생각하기, 연상법, 제시법 등을 들고 있지만 어느 것이나 부모의 진솔한 경험에서 비롯되어야 한다.

또 다시 강조하지만 관건은 어디까지나 아이의 심리적 특성에 근거하여 계발을 진행하는 데 있다. 그리고 무엇보다 아이의 생각과 질문을 엉뚱하다고 치부해서는 안 된다.

인간의 모든 배움은 의문에서 비롯되었다. 세상을 막 배우기 시작하는 아이들을 보라. 반짝이는 눈으로 엄마에게 끊임없이 묻고 또 묻는다. 그것이 배움의 원형이다. 그러다가 나이가 들면 질문을 하지 않게 된다. 곧 배움이 멈추었다는 이야기다. **결국 인간은 자신이 품은 질문의 크기만큼만 성장할 수 있다.**

아무런 의문 없이 누군가의 일방적인 가르침을 듣기만 하는 것은 오래 기억되지 않는다. 독일의 심리학자 에빙하우스는 〈기억에 관하여〉라는 논문에서 사람의 기억은 시간의 제곱에 반비례한다는 이론을 펴고 있다.

그에 의하면 학교에서 교사의 설명을 일방적으로 듣기만 하는 수업의 내용은 20분이 경과하면 절반 가까이 잊어버린다. 하루가 지나면 60%, 일주일이 지나면 70%, 1개월 후에는 80%를 잊어버린다고 한다.

 그러나 몰랐던 것, 궁금해 하던 것을 가슴에 의문부호로 품고 있다가 누군가의 설명으로 알게 되는 것은 거의 일생 동안 잊히지 않는다고 한다. 전자가 '단순 기억'의 차원이라면 후자는 '이해'의 차원이기 때문이다. 그래서 질문을 통한 학습을 완전학습이라고 부른다.

 또 질문은 그 자체가 곧 배움이기도 하다. 일단 의문을 품었던 문제는 스스로의 자문자답을 통해 깨닫게 되는 경우가 70~80%라고 한다.

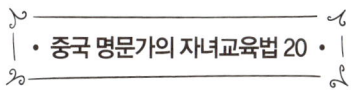

중국 명문가의 자녀교육법 20

대증처방

: 문제와 원인을 찾아 교육하다 :

아이의 진로나 교우관계 등에 심각한 문제가 발생했을 때 우리네 부모들은 대수롭지 않게 생각하고 그냥 넘기거나, 무턱대고 윽박지르거나, 야단을 쳐서 문제를 덮으려 하는 경향이 적지 않다.

쉽게 생각해보자. 병이 생겼을 때, 의사는 환자의 증상이나 병세에 맞추어 처방하는 것이 당연하다. 대수롭지 않게 여겨 그냥 넘겼다가는 목숨까지 잃을 수 있는 위급한 상황으로까지 몰릴 수 있다.

의사가 환자의 병세에 맞추어 치료하는 것을 '대증처방'이라 한다. 교육에서도 마찬가지다. **아이의 문제점에 맞추어 적시에 적절한 처방을 내려야만, 아이의 장래에 발생할지도 모르는 심각한 위험을 미**

리 방지할 수 있다.

이 교육법과 관련해서는 중국 공산당과 근대 중국의 걸출한 지도자의 한 사람이었던 유소기劉少奇가 당시 소련에 유학하고 있던 둘째 아들 유윤약劉允若과 주고받은 편지를 소개하고자 한다.

유소기는 공산주의의 이상과 신념 그리고 도덕교육에 대해 누구보다 관심을 기울였던 인물로, 자식에 대한 교육 역시 자신의 원칙과 신념을 결합하여 대중처방함으로써 자식들의 앞날을 터주었다. 부자가 주고받은 이야기는 지금 우리 교육 현실에 비추어서도 너무 실질적이고 생생하다.

1955년 유윤약은 소련에서 항공 무선 전자계기를 공부하고 있었지만 교우관계도 좋지 않고 문학에 더 관심이 있던 터라, 앞으로의 진로

유소기의 초상 유소기는 한순간도 공부를 게으름을 피지 않았던 사람이다. 모택동은 "내가 하루라도 공부를 하지 않으면 유소기에 뒤진다."라고 말했다. 사진은 젊은 날 유소기의 모습이다.

에 대해 심각한 심리적 갈등을 겪고 있었다.

  그는 아버지 어머니에게 편지를 보냈다.

> 마음 저 깊은 곳으로부터 제가 배우고 있는 것을 증오하고 있습니다. 그 정도는 갈수록 커져만 갑니다. 흥미를 가지려 해도 방법이 없습니다. 남들은 전공과 전문 직업의 중요성을 갈수록 더 강조하지만, 그럴수록 저는 더 싫증을 느낍니다.
> 이렇게도 생각해보았습니다. '배우라고 하면 나도 어쩔 수 없다. 왜냐하면 안 배우면 안 되고 조직의 구속이니까. 하지만 뭐라 해도 장래에 나는 이 일을 하지 않을 것이다. 나는 소학교 교사를 하면 했지 비행장비(飛行裝備), 이 일은 절대 하지 않을 것이다!'
> 이 편지를 보내면서 저는 두 가지를 기다립니다. 하나는 머지않아 대사관에서 이 편지를 볼 것과 그다음에 일어날 한바탕 '야단'을 말입니다. 사실 야단이라면 맞을 준비가 되어 있습니다.

아들의 이런 절박한 편지를 받은 유소기는 소련 대사관에 도움을 요청하는 한편, 심사숙고한 끝에 다음과 같은 답장을 보냈다.

> 네가 앞으로 무엇을 공부할 것인가 하는 문제는 출국에 앞서 너와 토론한 바 있다. 그때 나는 네가 장차 무슨 일을 하든 전공은 있어야 한다고 권유했다. 전문 지식을 배워 두면 앞으로 네가 무슨 일에 종사하든 도움이 되

기 때문이다. 다른 일은 못하더라도 자신의 전공은 할 수 있기 때문에 더욱 그렇다.

그리고 전문 지식이 없으면 어떤 일도 제대로 해내기 어렵다. 지금 네가 5년이라는 전공학습 기간을 끝까지 마친다 해서, 장차 네가 다른 일을 하는 데 방해는 되지 않을 것이다. 아니 반대로 도움이 되었으면 되었지.

손중산(孫中山, 중국의 국부)은 원래 의학을 배웠다. 하지만 그것이 위대한 정치가가 되는 데 절대 방해가 되지 않았다. 노신도 원래 의학을 공부했지만 그가 훗날 위대한 문학가가 되는 데 전혀 방해가 되지 않았다. 모택동 주석은 원래 교육학을 전공했지만 그가 우리 당의 지도자가 되는 데 조금도 방해받지 않았다. 이런 사례는 수도 없이 많다.

네가 만약 창조적 재능이 있다 하더라도 학업을 마치는 일이 네가 하고자 하는 일에 방해가 되겠느냐?

그렇지 않을 것이다. 오히려 도움이 되면 되었지 방해가 되지는 않을 것이다. 손중산과 노신이 배운 의학과 모 주석이 배운 교육학이 그들이 정치가가 되고 문학가가 되는데 전혀 방해가 되지 않은 것처럼 말이다. 정치가나 문학가가 되기 위해서는 하나의 전문 지식만이 아니라 각 방면의 지식이 요구된다. 게다가 창조적인 천재성까지 요구된다.

교사가 되고 싶다고 했는데 그렇다면 더 전공에 힘을 써라. 그것이 네가 교사가 되는 길에 방해가 되지 않을뿐더러 훌륭한 교사가 되는 데 도움을 줄 것이다. 학교를 바꾸는 문제에 관해서는 네게 충분한 이유가 있다면 조직에다 뜻을 전달해라.

그러나 네 편지를 놓고 볼 때, 네가 학교를 바꾸겠다는 이유는 잘못되었다. 너는 학과가 너무 부담스럽고 항공 공부가 싫은 데다 교우들과 잘 지내지 못하는 것을 이유로 들었다. 하지만 이것이 학교를 바꿀 이유는 되지 못한다.

지금 학교의 교우들과 잘 지내지 못하는데, 학교를 바꾼다고 해서 잘 지내리라는 보증이 있느냐? 또 학교를 바꾸자고 할 참이냐?

전학이라는 문제는 선생님은 물론 교우들 그리고 주변 사람 모두의 양해와 동정이 필요한 것이다. 지금 네가 처한 문제는 전학을 한다고 해서 해결될 문제가 아니라고 이 애비는 생각한다. 그래서 전학 문제는 더 이상 꺼내지 않는 것이 좋을 듯하다. 전학은 조직과 자신에게 아주 번거로운 일일 뿐만 아니라 손실을 입히는 일이다.

그리고 네 편지에는 비관적 감정이 적지 않은데, 그것은 그릇된 비관적 인생관으로 아주 좋지 않다. 젊은이가 이런 정서를 가지는 것은 옳지 않다. 병은 생길 수 있고 또 나겠지만, 그렇다고 아무 때나 정서에 영향을 미쳐서는 안 되지 않니?

네가 보여준 이런 정서는 노력해서 바꾸어야 한다. 모든 일에 낙관적인 태도를 가져야 한다. 그렇지 않으면 네 자신이 위험해진다.

소련으로 너를 떠나보낼 때, 나는 너에게 이런 것들을 명심하라고 했다. 교만하지 말 것, 남을 깔보지 말 것, 모두의 의견을 존중할 것, 모든 사람을 위해 힘든 일을 마다하지 않을 것. 그러면서 나는 노신의 다음과 같은 명언을 인용했다.

"눈썹을 치켜세우며 천 사람의 손가락질을 비웃을지라도, 머리를 숙이고 달게 아이들의 소가 되어라!"

그런데 너는 줄곧 노동자 인민 앞에서, 동지들 앞에서 머리를 숙이고 기꺼이 한 마리의 소가 되려 하지 않았다. 지금 너의 편지를 볼 때, 너의 문제는 고쳐지지 않았을 뿐만 아니라 오히려 더 커진 것 같구나.

지금 네가 해야 할 일은 조직에 잘못을 인정하고 동지들에게 비판을 요청하여 허심탄회하게 모두의 의견을 받아들임으로써 서로의 관계를 정상화시켜야 하는 것이다. 다시 말해 동지들 앞에 기꺼이 머리를 숙이라는 말이다. 네가 학우들이나 조직과 잘 지내지 못하고 진리조차 네 편을 들지 않을 때에는 나도 너를 지지할 수 없다.

너는 늘 네 자신이 옳다고 여기고 다른 사람은 모두 틀렸다고 생각해왔다. 남들이 네게 잘못하고 너는 남들에게 잘못이 없다고 여겼다. 그러면서 남의 입장에 서서 생각하지 않고 남이 너의 입장에 서서 생각할 것만 바란다. 너는 남을 위해 희생할 생각은 않고 남에게 너를 위해 희생하길 바란다. 너는 남을 이해하지 않고 남이 너를 이해하기만을 바란다.

이건 무슨 태도인가?

동지들 사이에서 이는 단결과 합작의 태도가 아니다. 오히려 조직과 집단과 대립하는 태도이며, 자기 개인을 집단과 대립되는 지위에 놓는 개인주의에 지나지 않는다.

집단을 개인에 희생시키려는 이런 생각이나 행동은 버려야 한다. 너는 단단히 마음먹고 자신의 잘못된 점을 고쳐야 할 것이다. 이 방면을 더욱 단련하고 늘 개인과 단체의 관계에 주의하여 잘못을 범하면 즉시 고쳐야 할 것이다. 이렇게 하지 못하고서 네가 어떻게 장차 많은 사람을 위하는 쓸모 있는 사람이 될 수 있겠느냐?

아버지의 답장을 읽은 유윤약은 마치 아버지가 자신의 눈앞에 서 있는 것 같았다. 아버지의 절실한 목소리가 가슴을 뛰게 했다. 아버지의 편지는 마치 한밤중의 등불 같이 앞길을 환히 비추었다.

자녀를 가장 잘 아는 사람은 물론 부모다. 하지만 자녀를 잘 모르는 사람 또한 부모다. 부모자식 사이에는 타인과의 관계에서 발생하는 감정이나 판단과는 다른 그 무엇이 작용하기 때문이다. 그래서 동양

유소기의 동상 타지로 유학 보낸 아들의 고민을 알고 그 고민에 맞게 진솔한 편지로 충고하고 격려했던 유소기의 교육법을 '대증처방'이라 부른다. 사진은 유소기의 고향인 호남성 장사시 영향현 화명루에 만들어진 그의 동상이다.

에서는 부모자식 관계를 '천륜天倫'이라 불렀다.

자녀에 대해 부모는 감정과 이성 사이에서 오는 괴리감과 충돌을 적절하게 조절할 줄 아는 현명함이 필요하다. 자녀에게 심각한 고민거리나 문제가 발생했을 때, 때로는 얼굴을 맞대고 대화를 나누는 것보다 편지를 통해 진솔한 대화를 나누는 방법도 충분히 고려해볼 만하다.

유소기의 경우는 아들이 유학 중이라 어쩔 수 없이 편지를 통해 충고했지만 그렇지 않은 경우에도 편지를 통한 대화는 유용할 수 있다. 어느 쪽이든 자녀의 문제가 무엇인지, 그 원인이 어디에 있는지를 정확하게 알아서 그에 맞게 진솔한 대화를 나누어야 한다는 원칙은 꼭 지켜야 한다.

| Tips_팽옥린이 동생에게 보낸 가서 |

공부는 수를 놓는 것처럼
학문에는 속성법이 없다

공부는 수를 놓는 것과 같다. 가늘디 가는 바늘 땀땀이에서 정교한 기술이 드러나듯이 말이다.

책 한 권을 가져와서 아무렇게나 몇 쪽을 들춰 몇 장 베끼는 것으로는 책의 전체 구조와 미묘하고 정교한 논리를 도저히 이해할 수 없다. 이는 마치 말을 타고 달리면서 꽃을 구경하는 '주마간화走馬看花'와 같아 책 속에 담겨 있는 좋은 것을 흡수할 없다.

학문에서 속성법을 찾아서는 안 된다. 배운 것을 자세히 반복해서 되새겨야만 깨닫고 통달하게 된다.

우공이 산을 옮긴 이야기를 예로 들어보자. 사람들은 산을 옮기겠다는 우공의 어리석음을 조롱하지 않고 먼 앞날을 내다본 그의 지혜를 칭찬하지 않았더냐?

이 때문에 스스로 총명하다고 생각하는 사람들은 자신을 해치는 경우가 흔히 있는 반면, 보기에 평범한 사람이 오히려 무엇인가를 해내는 것이다.

서목당, 왕심려 두 선생님은 내가 잘은 모르지만 명망은 익히 들어 알고 있으니 스승으로 모시기에는 아주 적합할 것이다. 두 분 선생님은 박식하고 문장도 훌륭하여, 충실하고 폭넓은 너의 품행으로도 완전히 다 받아들일 수는 없을 것이다.

너는 두 분을 늘 경외하는 마음으로 모셔야지 자포자기하거나 존경을 게을리해서는 안 될 것이다.

스승을 모시면서 네가 조금 노력하면 지식을 조금 배울 수 있을 것이고, 아주 열심히 노력하면 더 많은 지식을 배울 수 있을 것이다. 매일 정해진 과정을 쉬지 않고 받아야 하고, 정해진 예에 따라 자신을 단속한다면 얻는 이득이 적지 않을 것이다. 너에 대한 스승님의 엄격한 요구도 너의 학문 성장에 관건이 될 것이다.

그냥 구차하게 따라가는 그런 태도는 내가 원하는 바가 아님을 명심해라!

팽옥린(彭玉麟, 1816~1890 / 75세)

자는 설금, 호남성 형양 출신이다. 당초 호남 신녕 이원발의 기의를 진압하는 데 가담했다. 함풍 3년인 1853년 증국번과 함께 상군 수군의 조직에 참여하여 서양 대포를 사들이고 함선을 제조하는 일 등을 주관했다. 광서 9년인 1883년에 병부상서로 발탁되었으나, 나이와 병을 이유로 사양하고 광동의 수비를 책임지는 일에 종사했다. 그 뒤 병으로 세상을 떠났다. 사람이 강직하고 반듯하여 아부를 몰랐으며, 담백하여 명리를 추구하지 않아 '팽청천'이라는 칭찬을 들었다.

이 편지는 팽옥린이 태평천국 군대를 공격하러 출정한 와중에 보낸 것이다. 동생에게 집안을 당부하는 한편 공부에 게을리하지 말라는 충고를 담고 있다. 팽옥린은 생사가 교차하는 군중에 있으면서도 수시로 가족들에게 편지를 보내 엄격한 처신을 신신당부했다.

이런 팽옥린은 가정을 다스리는 데 대단히 엄격하여 그 아들이 군법을 어기자, 사사로운 정에 매이지 않고 군법에 따라 처형하기도 했던 인물이다. 이 때문에 증국번曾國藩, 좌종당左宗棠, 호림익胡林翼과 함께 말기 청 왕조를 일시 부흥시킨 네 사람, 이른바 '만청 중흥 4대 명신'의 한 사람으로 꼽는다.

팽옥린의 초상 아들이 군법을 어기자 가차 없이 처형한 팽옥린은 엄정한 자녀교육과 청렴한 관직생활로 후대에 상당히 비중 있는 교육적 영향을 남겼다.

충격반응

: 종은 아파야 종소리를 멀리 보낸다 :

종을 치면 종소리가 나고, 북을 때리면 북소리가 울린다. 교육에 있어서도 충격을 주면 충격에 맞추어 울림이 따르는 법이다. 즉, 반응이 온다는 말이다. 이런 교육법을 '충격반응'이라 한다. 충격과 그에 따른 반응은 비례하는 것이 좋겠지만, 충격법에 따라서는 반응이 훨씬 클 수도 작을 수도 있다. 어느 쪽이 되었건 충격의 목적은 아이를 좀 더 높은 의식 차원으로 끌어올리는 데 있다.

교육에 있어서 충격법에는 크게 두 가지가 있다. 하나는 칭찬으로 격려하는 것이고, 또 하나는 꾸짖음으로 격려하는 것이다. 상황에 따라 적절하게 바꿔가며 사용해야 할 것이다.

하지만 '충격반응'은 대체로 성적이 뛰어나거나 재능이 우수한 아이들에게 사용하는 것이 효과적이다. 그리고 어린아이에게는 되도록 삼가는 것이 좋다. **즉, 충격을 충분히 감당해내는 것은 물론, 충격에 못지않은 반응을 보일 수 있는 기본 역량을 갖춘 연령의 아이라야 제대로 적용될 수 있다.**

중국 초기 공산당 지도자이자, 중화인민공화국의 초대 주석인 모택동毛澤東의 자녀교육은 엄격했다. 모택동의 딸, 모소화(모택동의 두 번째 부인인 하자진이 낳은 3남 3녀 중 한 사람)가 중학교에 다닐 때의 일화다. 학교 시험에서 100점을 맞은 소화가 성적표를 들고 의기양양 아버지가 있는 중남해(中南海, 중국 정부 최고위층이 근무하는 정부 기관이 몰

모택동의 동상 중국 건국의 아버지 모택동은 어린 시절부터 공부와 교육의 중요성을 인식했고, 그것이 공산혁명에도 고스란히 적용되었다. 사진은 모택동의 고향인 호남성 장사시 소산에 서 있는 그의 동상이다.

린 곳)에 왔다. 아버지의 칭찬을 잔뜩 기대하면서 말이다. 그러나 성적표를 받아든 모택동은 딸을 칭찬하지 않았다. 대신 다음과 같은 충고를 딸에게 해주었다.

"수학에서 100점 맞은 일이 그렇게 잘한 것이라고 할 수 있겠느냐. 학교 공부는 점수도 중요하지만 자신의 주관이 있어야 하고 또 독창성도 있어야 하는 거란다. 그리고 무엇보다 노력해서 선생님이 가르치는 수준을 뛰어넘어야지!"

모택동은 100점을 맞고 의기양양해하는 딸에게서 위기를 느꼈던 것이다. 그래서 칭찬 대신 충격을 주는 교육법을 택했다. 승리에 도취하기 전에 딸의 부족한 점을 지적하여 더 높은 곳으로 나아갈 수 있게 이끈 것이다.

이 방법을 운용할 때는 대체로 다음 두 가지에 주의해야 한다.

첫째, 문제가 무엇인지를 정확하게 파악하고 충격을 주어야 한다. 충격의 방향이 틀렸거나 문제의 소재를 정확하게 파악하지 못한 채, 그저 충격만 준다는 식으로 해서는 오히려 역효과를 내기 쉽다. 자칫 잘못하면 반발과 반항을 초래할 뿐이다.

둘째, 가하는 충격이 무겁고 중요해야 한다. 즉, 충격에 의미가 있어야 한다. 아울러 문제를 해결하는 것도 중요하다. 강한 자극을 주라는 말이다. 강한 자극은 오래도록 인상을 남길 뿐만 아니라 나쁜 습관을 고치게도 해준다.

<u>여기서 주의할 것은 약한 자극을 여러 번 주는 것보다 강한 자극 한</u>

번이 효과적이라는 점을 제대로 인식하는 것이다. 약한 자극을 자주 주어서 면역성을 키워놓으면 강한 충격에도 전혀 반응을 하지 않을 수 있기 때문이다.

 모택동은 교육학을 전공한 신지식인이자 평생 책을 손에서 놓지 않았던 독서광이었다. 그는 자녀교육과 관련하여 특별히 '노블레스 오블리주'를 강조했다. 모택동의 장남 모안영이 한국전쟁에 참가하게 되자, 주위 참모들이나 가족들이 절대 불가라며 반대했다. 그러자 모택동은 단호하게 말했다.

 "모안영은 모택동의 아들이다. 죽음이 무서워 참전을 피한다면, 어느 누가 아들을 전쟁터에 보내겠는가."

모택동의 가족 모택동이 교육학을 전공했다는 사실을 아는 사람은 많지 않다. 그는 자녀교육에서도 교육의 기본을 잘 이해하고 실천하여 최고 권력자의 가족이 흔히 범하기 쉬운 특권의식과 권력남용이라는 오명을 피할 수 있었다. 사진의 오른쪽에서 두 번째가 소화다.

그후 모안영이 전사했다는 소식이 전해졌다. 하지만 모택동은 단호했다.

"혁명전쟁은 언제가 대가를 지불해야 하는 것이오. 내 아들도 희생된 수많은 혁명열사 중 한 사람이며, 보통 전사자들 중 한 사람일 뿐이다. 내 아들이기 때문에 큰일을 했다고 할 수는 없다!"

당시 모안영의 나이는 28세였다. 북한의 평안남도 회령군에 있는 '중국인민지원군 열사능원'에 묻혀 있다.

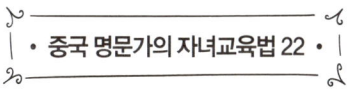

기회교육

: 기회가 왔을 때, 결정해야 할 때는 단호하게! :

　가정교육의 가장 큰 특징은 교육의 기회가 언제 어디서든 수시로 주어진다는 것이다. 따라서 부모의 임기응변 능력이 대단히 중요하게 작용할 수밖에 없다. 부모가 때와 장소 그리고 대상에 따라 적절하게 교육하면 가장 좋은 교육적 효과를 거둘 수 있다. 이런 교육법을 '기회교육'이라 한다.
　하지만 큰 교육적 효과를 볼 수 있는 특별한 기회는 좀처럼 오지 않기 때문에, 부모는 늘 이런 기회를 놓치지 않고 자식을 교육시킬 만반의 준비를 갖추고 있어야 한다.
　'기회교육'의 가장 좋은 사례로 동한시대 진식陳寔이라는 사람이 지붕에 숨어 있는 도둑을 이용하여 자식들을 교육시켰다는 이른바 '양상군자梁上君子'의 고사를 들 수 있다.

태구太邱 현감으로 있던 진식은 인정이 많아 남의 사정을 잘 알아주며 무슨 일이든 공정하게 잘 처리하는 좋은 관리였다. 가뭄으로 많은 사람이 고통을 받던 어느 해, 도적 하나가 진식의 집에 숨어들어 지붕에 엎드린 채 집안사람들이 잠들기를 기다리고 있었다. 이를 눈치챈 진식은 서둘러 옷을 입고 일어나 아내와 아이들을 모두 불러 모아놓고 다음과 같이 훈계했다.

"나쁜 사람이 본래부터 악한 것이 아니라, 습관이 성격을 그렇게까지 만든 것이다. 지금 지붕 위에 숨어 있는 '양상군자' 같은 사람이 그런 경우지!"

이 말을 들은 도적은 깜짝 놀라 지붕에서 내려와 진식 앞에 무릎을 꿇고 죄를 빌었다. 진식은 "보아하니 나쁜 사람 같지 않구나. 자신을 잘 돌아보고 왜 이렇게 가난해졌는가를 반성하도록 하라!"고 타이른 다음 비단을 두 필을 주어서 보냈다. 그후로 진식이 다스리는 현에서는 더 이상 도적이 나타나지 않았다(이 고사에서 진식이 말한 '양상군자'는 그 뒤 도적을 비유하는 사자성어가 되었다).

'기회교육'은 특수한 상황이나 기회를 놓치지 않고 특수한 직관적 실례를 가지고 아이를 교육시키는 방법이다. 이 교육법은 다음 세 가지 특징이 뚜렷하다.

첫째, 시점이 특수하다. 다시 말해 흔히 찾아오거나 발생하는 경우가 아니라는 것이다.

둘째, 특수한 실례다. 마찬가지로 흔한 사례가 아니라는 말이다.

셋째, 실례는 부정적 실례와 긍정적 실례로 나눌 수 있다.

시기, 즉 기회는 일반적으로 아주 적다. 특수한 환경의 특수한 시기는 아주 우연성이 크며 또 슬그머니 왔다가 사라진다. 다음으로 실례는 특수한 교육적 의미를 가진다. 따라서 이 두 특징이 만날 경우, 피교육자를 깊이 반성하게 하여 삼가 주의하게 할 수 있다.

따라서 부모는 이런 기회를 놓치지 않도록 해야 한다. 그러기 위해서는 부모의 평소 공부와 식견이 전제되어야 할 것이다. <u>**올바른 자녀 교육은 어느 경우나 부모가 갖추어야 할 기본적인 자세와 식견을 전**</u>

진식의 초상 기회교육은 기회를 인지 내지 인식할 수 있는 부모의 수준을 기본적으로 요구한다. 진식은 '양상군자'라는 표현과 기회를 잘 살려 자식들을 교육시키고, 훗날 이를 고사성어로 정착시켰다.

제로 하기 때문이다.

　일본인들이 즐겨 비교하는 세 사람이 있다. 일본의 전국시대 영웅인 오다 노부나가, 도요토미 히데요시, 도쿠가와 이에야스가 바로 그들이다. 그들은 각각 개성 넘치는 카리스마를 가진 전국시대 맹장들이었다.

　일본 에도시대 시가詩歌엔 세 맹장에게 "만약 두견새가 울지 않는다면 어떻게 처리할 것인가?"를 묻고 답하는 구절이 나온다. 오다는 울지 않는 새는 필요 없으므로 죽여 버린다고 했다. 도요토미는 새가 울도록 만든다고 했다. 도쿠가와는 새가 울 때까지 기다린다고 했다. 세 사람의 개성을 절묘하게 표현한 인용문이 아닐 수 없다.

　일본인들은 세 영웅 중 오다 노부나가를 가장 좋아한다고 한다. 일본 역사상 가장 독창적인 인물인 그는 비범한 발상력과 독창적인 행동력으로 일본 천하 통일을 도모했다.

　오다 노부나가는 수수께끼 같은 인물로 그의 성격과 의도를 파악하기가 매우 힘들었다. 상식적으로는 이해가 가지 않는 인물이기도 했다. 천하 통일을 눈앞에 두고 자신의 부장에게 암살을 당하는 등 삶 역시 극적이었다.

　그러나 그는 사실 계획적이고 합리적인 인물이었다. **기회가 왔을 때, 결정해야 할 때, 단호히 결단을 내리는 것이 오다 노부나가의 최대 강점으로 알려져 있다.**

　우리는 날마다 결정의 기로에 선다. 삶의 중심에서 또는 삶의 언저리에서 결정의 순간들과 맞닥뜨린다. 하지만 결정은 쉽지 않다. 결정이 잘못되면 그 책임 또한 자신이 모두 져야 하므로 결정의 순간은 언제나 외롭고 무겁다.

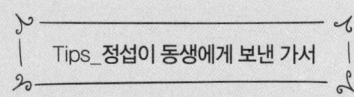

사람이 되는 것이 중요하지, 그저 아끼고 사랑만해서는 안 된다

내 나이 쉰들에 아들을 얻었으니 얼마나 사랑스럽겠는가?

하지만 자식 사랑도 정도에 맞아야 한다. 놀 때라도 충직하고 넉넉한 마음을 갖도록 가르쳐야 하며, 남을 가엾게 여기고 각박하게 굴지 않도록 가르쳐야 한다.

나는 평생 새장에 넣고 새를 키우는 것을 가장 싫어했다. 내 입장에서는 오락거리로는 즐거울지 모르지만, 새는 새장에 갇혀 있어야 하지 않는가? 억울하게 새의 본성을 죽여서 내 즐거움을 채워야 한다는 것이 말이 되는가?

머리카락으로 잠자리를 묶고, 노끈으로 게를 붙들어 매서 아이들의 장난감으로 가지고 노는데, 잠깐 사이 손발이 끊어져 죽어 버린다. 천지가 만물을 낳아 힘들게 기르는 법, 개미 한 마리 벌레 한 마리라도 천지음양과 오행의 기운을 받아 태어나고 하늘과 땅도 온 힘을 기울여 그들을 아끼고 돌본다.

그리고 만물의 품성 중에 인간이 가장 고귀한 것이다. 우리가 하늘이 주신 어진 덕성을 몸소 깨닫지 못하고, 또 늘 같은 마음으로 그것을 지키지 못한대서야 만물이 어디 기대어 생존하겠는가?

뱀, 지네, 이리, 호랑이, 범은 사람을 해치는 가장 독한 벌레이고 짐승들이지만, 하늘이 그것들을 낳은 이상 우리가 무엇을 믿고 함부로 죽일 수 있겠는가?

그것들을 전부 다 죽여 버려야만 한다면 하늘이 무엇 하러 그들을 낳았을까?

멀리 내쫓고 피하여 서로 다치지 않게 하면 그만 아닌가?

거미가 거미줄을 친다고 인간에 죄를 짓는 것인가?

거미가 한밤중에 달을 향해 사람이 사는 집 담장이 무너지게 해달라며 기도하고 저주하기 때문에 거미를 모두 없애야 한다고 떠드는 사람이 있는데, 대체 그런 논리가 어느 경전에 나오는 말인가?

그런 식으로 생명체를 해치는 것이 옳은가? 정말 옳은가?

내가 외지로 나가 벼슬살이를 하면서 아들 교육을 동생 자네에게 맡겼네. 그러니 충직하고 넉넉한 성품을 기르고 잔인한 성격은 없앨 수 있도록 해주게나. 조카라고 해서 봐주거나 놔두어서는 안 되네. 노비의 아들딸도 하늘이 낳은 우리와 똑같은 사람이니 같이 아끼고 사랑해야지, 그 아이들을 학대하게 해서는 안 되네. 음식도 똑같이 나눠주면 아이들은 기뻐 깡충 깡충 뛴다네. 또 내 아들과 함께 먹도록 해야지, 노비의 아들딸이라 해서 먹지도 못한 채 한 쪽 구석에 서서 먹는 모습이나 지켜보게 한다면 그 아이의 부모들 마음이 어떻겠는가?

어쩔 수 없이 아이들을 그 자리에서 물러나오게 할 때, 부모의 마음은 찢어지게 아플 수밖에 없을 걸세.

공부해서 과거에 급제하고 과거에 급제해서 관리가 되는 것은 작은 일이라네. 가장 중요한 것은 이치를 제대로 아는 좋은 사람이 되는 것이지. 이 편지를 형수들에게도 읽어주어 자식을 제대로 사랑하는 방법을 알게 하게나. 사람이 되는 것이 중요하지, 그저 아끼고 사랑하기만 해서는 안 된다는 것을 말일세.

정섭(鄭燮, 1693~1765 / 73세)

예술과 현실을 접목시켜 사회의 부조리를 폭로한 청나라 때의 화가이자 시인인 정섭은 자를 극유, 호를 판교板橋라 했다. 사람들은 그의 호를 따서 흔히 정판교라 불렀다. 강소성 흥화 출신이다. 강희 연간에 수재, 옹정 연간에 거인을 거쳐 건륭 원년인 1736년에 진사가 되었다. 산동성 범현과 유현의 지현을 지냈다. 짧지만 관직에 있는 동안 그는 평민을 동정하고 부호들의 행패를 막는 등 선정을 베풀었다.

정섭은 문학과 예술 등 여러 방면에서 재능을 발휘했다. 그림으로는 대나무, 난초, 돌을 잘 그렸다. 서예에서는 예서에 해서를 섞는 독특한 서체를 창안했는데, 이를 판교체라 불렀다. 시와 글과 그림 모두를 잘할 뿐만 아니라 독특한 개성을 발휘하여 세인들로부터 '삼절'이란 평을 들었다.

위 글은 24세 연하의 동생 정묵에게 보낸 편지다. 정섭이 외지로 나가 있을 때, 가사를 돌본 동생이자 어려서부터 동고동락하며 보살펴준 사이라 정섭의 마음씀씀이가 남다르다. 쉰둘이라는 할아버지 나이에 얻은 아들을 동생에게 부탁하며 마치 아들에게 충고하는 착각을 들게 하는 정감어린 편지가 아닐 수 없다.

이 편지는 사실 우리 교육이 안고 있는 여러 문제점을 건드리고 있다. 출세에 목적을 둔 교육이 아니라, 참다운 인성을 기르는 교육의 본질을 지적하고 있기 때문이다. 사람을 차별하지 않도록 하라는 당부도 가슴 아프게 들린다. 우리 사회 곳곳에서 벌어지고 있는 차별 현상이 새삼 더 큰 문제로 다가온다.

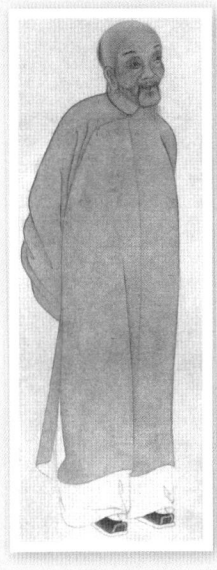

정섭의 초상 '서재에 누워 듣는 대나무 잎 흔들리는 소리, 백성의 신음소리처럼 들리는구나!' 벼슬을 살면서 이런 시를 남긴 정섭의 가치관과 교육관에는 지금 우리가 배워야 할 가치들이 적지 않다.

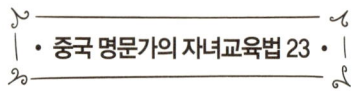

• 중국 명문가의 자녀교육법 23 •

재능교육

: 더디게 피더라도 오래 피는 꽃이 되라 :

'패왕별희霸王別姬'라는 천고의 고사성어를 남긴 항우項羽는 진나라 말기 농민봉기군의 우두머리로 유방과 더불어 천하를 다투어 사람들이 초패왕이라 불렸던 영웅이었다. 항우하면 '산을 뽑을 듯한 기세가 세상을 뒤덮었다'는 '역발산기개세力拔山氣蓋世'라는 영웅적 기개와, '솥을 부수고 배를 가라앉혀' 병사들의 결사 정신을 북돋웠던 '파부침주破釜沈舟'와 같은 대담한 군사적 전략가의 모습이 떠오른다. 그는 확실히 남다른 군사적 재능의 소유자였다.

그렇다면 그의 이러한 재능은 어디서 어떻게 배웠을까?

젊은 날 항우는 공부를 무척이나 싫어했다. 그를 교육시킨 사람은 숙부 항량項梁이었다. 그는 글자 공부에도 관심이 없고 무예도 금방 싫증을 내는 항우를 어떻게 공부시킬까 고민이 많았다.

하지만 숙부는 포기하지 않고 항우의 재능을 살폈다. 그러던 중 항우와의 대화에서 항우가 "공부는 이름만 쓸 줄 알면 그만이고, 검술은 한 사람의 적만 당해내면 그만 아닙니까? 제가 배우고 싶은 것은 만 명을 당해낼 수 있는 능력입니다!"라고 말하는 것에 숙부 항량은 크게 깨닫는 바가 있었다.

항우는 병법, 전략, 군사 전략 이런 것에 관심이 있었고, 재능도 그쪽에 있었던 것이다. 숙부는 지금까지의 교육 방법을 바꾸어 조카의 흥미와 재능에 맞추어 병법과 전술 등을 공부시켰다. 그 결과는 대만족이었다.

하지만 항우는 천하쟁패에 패하여 자결이라는 최후를 맞는다. 그렇다면 유방과 항우의 차이는 무엇인가?

그것은 어떤 부하를 두었으며 그들의 말에 얼마나 귀를 기울였는가의 차이다. 유방에게는 장량, 진평 등의 문신과 한신과 같은 무장, 그리고 믿고 맡길 수 있는 살림꾼 소하가 있었다. 이들의 말을 경청하며 순리에 따랐다.

하지만 항우는 자신의 힘만 믿고 신하들의 말을 거의 듣지 않았다. 그나마 휘하에 두고 있던 책사 범증마저 버렸으니 그에게는 사람이 없었다. 나아갈 줄만 알았지 굽힐 줄을 몰랐던 것이다.

작은 일은 혼자의 힘으로 할 수 있지만 많은 사람을 움직이는 일은

항우의 초상 항우는 천하쟁패에 패하여 자결이라는 비극적인 방법으로 일생을 마감했다. 그러나 20대 초반부터 천하를 쩌렁쩌렁 울릴 정도로 큰 위세를 떨쳤고, 거기에는 숙부 항량의 재능교육이 상당히 작용했던 것으로 보인다.

혼자의 힘으로는 되지 않는다. 훌륭한 부하를 두어 이들의 말을 들어 문무의 균형된 시각으로 세상을 볼 줄 아는 자가 천하를 얻었다.

항우의 숙부 항량이 취한 교육법을 '재능교육'이라 한다. <u>**이 교육법은 아이의 성격, 기질, 흥미, 호기심, 능력 등 구체적 상황에 정확하게 맞추어 다양한 방법으로 시행해야 하는 것이다.**</u> 이 방법은 전통적인 교육법이자, 가장 일상적인 교육법이다.

이 방법을 사용하려면 첫 번째 단계로 '재능'을 정확하게 파악해야 한다. '재능'은 두 가지 방법으로 식별할 수 있다. 하나는 관찰을 통해서고, 또 하나는 대화를 통해 아이의 뜻과 이상 그리고 포부를 이해하는 것이다.

두 번째 단계는 '재능'이 무엇인가를 정확하게 파악한 기초 위에서 구체적인 교육법을 시행하는 것이다. 이와 관련해서는 북송시대 유명한 문학가인 소순蘇洵이 아들 소식蘇軾, 소동파과 소철蘇轍의 성격을 정확하게 파악하여 교육시킨 사례를 소개한다.

소순의 〈두 아들의 이름에 관한 이야기〉라는 글에는 그의 자녀교육관이 여실히 드러나 있다.

소식이라는 이름에서 식軾은 수레 앞턱의 가로 막대기를 말하는데, 다른 부품과는 달리 별다른 쓸모가 없는 부분이지만 그것이 없으면 수레 모양이 갖추어지지 않는다. 아버지 소순은 소식이 겉모양을 꾸미는 데는 관심 없는 대범한 성격인지라 수레의 식軾처럼 공을 드러내지 않으면서 세상에 쓸모 있는 사람이 되길 바랐던 것이다. 소식의 성격과 삶도 아버지의 분석대로였다.

소철에서 철轍 자는 수레바퀴의 자국을 뜻한다. 바퀴자국은 수레로 보자면 그 작용이 대단히 크지만 공명도 우환도 없는 존재다. 소철의 사람됨 역시 세속의 공명과 부귀를 초월했다.

아버지 소순은 사물을 빌어 비유하는 수법으로 두 아들의 성격을 정확하게 파악하고 생생하게 묘사하고 있다. 자녀의 성격과 재능 및 특성을 나름 정확하게 파악하고, 그에 맞추어 자녀의 이름을 그렇게 지었던 것이다.

자녀의 재능을 발견하는 일은 쉬우면서도 어렵다. 부모의 입장에서 자녀가 세상과 사물에 대해 보이는 반응은 실로 경이롭다. 이 때문에 부모는 자녀가 모든 방면에서 재능을 보인다고 여긴다. 그래서 음악, 스포츠, 서예 등 이런 저런 것들을 가르치는데, 심지어 여러 가지를

소순의 초상 송나라 때 최고 지식인으로 꼽혔던 소식과 소철 형제에게는 자식의 성격은 물론 흥미와 호기심까지 잘 이해했던 아버지 소순이 있었다.

동시에 가르치기까지 한다.

하지만 자녀들은 과부하가 걸려, 결국 자기가 좋아하는 것에서조차 재능을 발휘하지 못하고 중도에 포기하는 경우가 비일비재하다. **재능교육이 제대로 효과를 얻으려면 당시 자녀가 가장 관심을 보이는 분야에 집중하여 기회를 주고 기다리는 것이 관건이다.** 인간의 진정한 재능이란 반짝 드러났다가 사라지는 것이 아니기 때문이다.

일찍 피었다가 일찍 시드는 꽃이 아니라, 다소 더디게 피더라도 오래 피어 있는 꽃이 될 수 있도록 배려하고, 격려하고, 기다리는 것이 요구된다.

제아무리 아름다운 꽃도 열흘이 지나면 시든다. 하지만 한여름부터 가을까지 백일 동안 꽃을 피우는 백일홍나무 혹은 배롱나무는 그 아름다운 자태로 많은 사랑을 받는다. 복숭아꽃과 오얏꽃이 아무리 아름다워도 어찌 푸른 소나무와 잣나무의 곧은 절개만 하겠으며, 배와 살구가 제아무리 달아도 어찌 노란 유자와 푸른 귤의 맑은 향기만 하겠는가?

참으로 아름답고 일찍 피는 것은 담담하고 오래가는 것만 못하고 일찍 익는 것은 늦게 익는 것만 못하다고 했다. 큰 그릇은 늦게 만들어짐을 일컫는 말이다. 이른바 대기만성大器晩成이다.

중국의 북송시대 유학자 정이는 다음 글을 후세에 남겼다.

"사람에게는 세 가지 불행이 있다. 소년 시절 높은 과거에 오르는 것이 첫째 불행이요, 부형父兄의 권세를 의지하고 분에 넘치는 벼슬을 하는 것이 두 번째 불행이요, 초년 시절 재주가 높아 문장을 잘하는 것이 세 번째 불행이다."

학문을 넉넉히 익혀 올바른 인품과 경륜을 갖추지 못한 상태에서 하는 벼락출세는 불행의 단초가 된다는 경고다. 더군다나 부모의 후광으로 벼슬과 기업을 물려받은 경우, 실패할 확률이 매우 높다는 것은 누구나 알고 있는 정설이다.

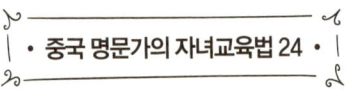

순리유도

: 때가 되어 순리에 따라 유도한다 :

'발묘조장拔苗助長'은 아직 제대로 자라지도 않은 모를 빨리 자라라고 뽑아 올리는 바람에, 모가 뿌리를 내리지 못하고 그만 말라 죽었다는 고사성어다. 맹자는 이 고사성어를 인용하면서, 교육에 있어서 '발묘조장'을 강력하게 반대했다.

지금까지 우리 교육의 현실은 '발묘조장', 즉 '조기교육'에 현혹된 사람들로 넘쳐났고, 또 정도는 달라졌지만 이 현상은 여전하다. 재능도 미처 확인이 안 된 어린아이들을 과외로 내몰아, 그나마 가지고 있는 재능마저 발휘하지 못하게 하는 경우가 비일비재하다.

아이들이 흥미를 잃는다는 것은 교육에 있어서 치명적이라는 점을

부모들은 절감해야 한다. 재능도 없는 아이를 이런 저런 과외로 내모는 경우도 허다하다. 돌아오는 결과는 반항과 지친 아이들의 절망어린 눈빛뿐이다.

그런데 맹자는 '발묘조장'의 폐해를 고발하면서 동시에 아이들에게 적절한 교육을 시키지 않고 방치하는 폐단에 대해서도 강력하게 반대했다. 교육이 무익하다고 여겨 소홀히 하거나, 교육을 시키면서 공을 들이지 않고 제멋대로 방치하면 아이는 자멸하고 만다.

요컨대 맹자가 주장하는 요점은 이렇다. 즉, 좋은 교육이란 '때맞추어 비가 오면 만물이 고루 제대로 성장하는 것과 같이' 교육의 시기가 적절해야 아이들을 가장 크고 아름답게 성장시킬 수 있다는 것이다.

맹자의 동상 교육자로서도 손색이 없었던 어머니의 엄하면서도 자상한 교육을 받고 큰 학자가 된 맹자는 조기교육의 폐단을 '발묘조장'이라는 고사성어로 경고했다. 그 역시 큰 교육자였다.

힘차게 달리는 말을 집중적으로 그려 세계적인 명성을 얻은 중국을 대표하는 화가 서비홍徐悲鴻의 아버지는 일찍부터 그림에 관심을 보이는 아들에게 바로 그림을 가르치지 않고, 아이가 일정한 문화적 소양을 갖춘 다음에야 그림을 지도하기 시작했다. 아버지는 서비홍이 만 아홉 살이 되어 기본적인 독서량이 어느 정도 갖추어진 다음에야 비로소 스케치를 할 수 있게 했다.

그러면서 아버지는 이렇게 충고했다.

"그림이란 생활의 재현이자 농축이다. 그림을 배우려면 생활을 근본으로 하여 눈을 사회와 인생으로 돌릴 줄 알아야 한다."

이러한 교육법을 '때가 되어 순리에 따라 유도한다'고 해서 '순리유도'라 한다. 사실 눈앞의 이익과 성과 그리고 부모의 욕심에만 급급하여 성급하게 아이를 내몰았다가, 천재적 재능과 특출한 예술적 잠재력을 날려 버린 경우가 얼마나 많았던가!

<u>'순리유도'는 걸음마를 배우는 것과 같은 교육법이다.</u> 이 교육법을 운용하려면 대체로 다음 세 가지에 유의해야 한다.

첫째, '순順'이나 '순循'이라는 글자에 주의해야 한다. 모두 '따른다'는 뜻인데, 단계가 있어야 한다는 뜻이기도 하다. 그렇다면 어떻게 순서에 따라 단계에 따라 아이를 이끌 것인가?

우선 부모는 아이의 기본 실력과 재능을 파악한 다음, 적절한 시기 선택에 주의해야 한다.

둘째, 이끌되 '잘' 이끌어야 한다. 이는 방법과 태도의 문제를 가리키는 말이다. 방법은 적당해야 하고, 태도는 진실하고 온화해야 한다. 봄바람이나 봄비와 같이 한 방울 한 방울 옷깃을 적시듯 아이의 마음을 적셔야 한다.

셋째, 이끌되 '제대로' 이끌어야 한다. 이는 이끄는 과정에서 기교가 필요하다는 뜻이다. 틀에 박힌 방식으로 아이를 이끌려 했다가는 아이의 흥미는 천리만리 밖으로 달아나기 십상이다.

조기교육의 폐단은 사교육 비용에만 머무르지 않는다. 자녀의 인성을 황폐화시키기 십상이기 때문이다. 친구들과 어울릴 줄 모르고 독불장군처럼 성장하여 삐뚤어진 인간관과 사회관을 갖기 쉽다. 부모들은 남다른 재능을 확인하여 그에 맞추어 일찍 그 재능을 개발하고

서비홍의 초상과 〈군마도〉 공부에 건너뜀이란 없다. 따라서 교육의 요체는 적절한 시기 선택에 있다고 해도 과언이 아니다. 서비홍의 교육 과정에서 우리는 교육의 '때'라는 문제를 심사숙고하게 된다.

키우는 것과는 엄연히 다르다는 사실을 알아야 한다.

서비홍이 훗날 19세의 젊은 화가 오작인吳作人을 발굴할 수 있었던 것도 순리에 따라 자식의 재능을 계발시킨 아버지의 '순리유도교육' 덕분이었다. 오작인은 서비홍의 추천으로 화단의 주목을 받았고, 그 뒤 중국 화단을 이끄는 예술가이자 세계적인 화가로 우뚝 섰다.

오자吳子는 군주의 덕목으로 도道, 의義, 모謀, 요要 4가지를 들고 있다. 그중 도와 의를 가장 중요시했다. 도란 세상의 이치, 순리를 말하는 것이고 의란 명분, 즉 마땅히 해야 할 일을 말한다.

이를 반대로 뒤집으면 순리에 맞지 않고 명분에 맞지 않는 일을 하는 군주가 폭군인 셈이다. 그래서 폭군이었던 하나라 걸왕이나 은나라 주왕이 쫓겨났을 때, 백성들은 오히려 이를 환영했다. 걸왕과 주왕이 도와 의에 맞지 않는 정치를 했기 때문이다.

노자《도덕경》에 상선약수上善若水란 말이 나온다. 최상의 선善은 물과 같다는 말로 물의 성질을 비유하며 선을 설명한 것이다. 물은 만물을 능히 키워낸다. 본성이 부드럽기에 자연을 좇으며 다투지 아니한다. 모두가 싫어하는 낮은 곳으로 모이고 흘러 덕이 있는 자의 겸허함과 같다고 했다. 물과 같이 다투지 않는 덕을 몸에 익힘으로써 어떤 상황에서도 대응할 수 있는 능력을 갖게 되는 것이다. 이를 부쟁지덕 不爭之德이라 한다.

| Tips_양호가 아들에게 보낸 가서 |

공경은 덕을 수양하는 출발점이요, 근신은 인간 행동의 기초다

나는 어려서부터 아버지의 가르침을 받았다. 말을 막 시작할 나이에 아버지는 글자를 가르치셨고, 아홉 살 때는 《시경》과 《상서》를 읽게 하셨다. 하지만 나는 그다지 큰 성취를 이루지 못했고, 마을 사람들의 칭찬도 받지 못했으며, 남다른 좋은 명성도 얻지 못했다. 지금 이 자리는 나를 어여삐 여긴 조정에서 지나친 은혜를 베푼 것일 뿐이지, 내 능력으로 얻은 것이 결코 아니다.

나는 아버지보다 못한 점이 너무 많고 그것은 너희들도 마찬가지다. 원대한 지략이라면 아마 너희 형제가 미치지 못할 바이며, 남다르고 특별한 재능과 덕이라면 내가 보기에도 가능성이 없다. 이제 너희들에게 이르노니 꼭 기억하여 잊지 않도록 해라.

공경은 덕을 수양하는 출발점이요, 근신은 사람 행동의 주춧돌이다. 너희들에게 바라노니 말은 충실하고 믿음이 있어야 하며, 행동은 독실하고 공경스러워야 한다.

입으로 재물을 주겠노라 약속하여 믿음을 잃어서는 안 되고, 근거 없는 황당한 말을 퍼뜨려서도 안 되며, 남의 시비장단을 논하는 말을 믿어서도 안 된다. 남의 잘못을 듣더라도 귀로만 듣되 입으로 내뱉어서는 안 된다. 무슨 일이든 잘 생각한 다음에 행동해야 한다.

말에 진실이 없어, 그 자신이 남으로부터 공격을 받거나 벌을 받는다면 누가 너희를 동정하겠느냐?

이는 또 조상까지 욕보이는 꼴이 될 것이다. 이 아비의 말을 잘 생각하고 아비의 가르침을 잘 새겨서, 각자 잊지 말고 기억하길 바란다!

양호(羊祜, 221~278 / 58세)

서진의 대신으로 자는 숙자叔子이고 태산 남성지금의 산동성 비현 서쪽 사람이다. 누이동생 양휘유羊徽瑜는 당시 서진의 실권자였던 대장군 사마사司馬師의 아내, 즉 경헌 양황후였다.

양호는 박학다식하여 《노자전》 등을 저술하기도 했다. 명문 집안 출신임에도 불구하고 근검절약을 실천했다. 또한 늘 녹봉을 집안 친척이나 병사들에게 나누어주어 자신의 집에는 재산이 없었다. 그가 10년 넘게 다스렸던 양양의 백성들은 현산에다 사당과 비석을 세워 양호를 기념했는데, 길을 지나다가 비석을 보고는 모두 눈물을 흘릴 정도였다. 그래서 두예는 이 비석을 '눈물 흘리게 하는 비석'이라는 뜻으로 '타루비墮淚碑'라 불렀다.

이 편지는 양호가 아들 앞으로 남긴 가서다. 양호는 이 가서를 통해 자녀의 생활과 공부에 대해 적절한 충고를 남겼다. 이 글에서 양호는 자녀들에게 사람으로서 지켜야 할 행동의 기본으로 '공경'과 '근신'을 강조하면서, 평소 지키지 못할 허풍 따위로 믿음을 잃는 행동을 삼가라 충고하고 있다.

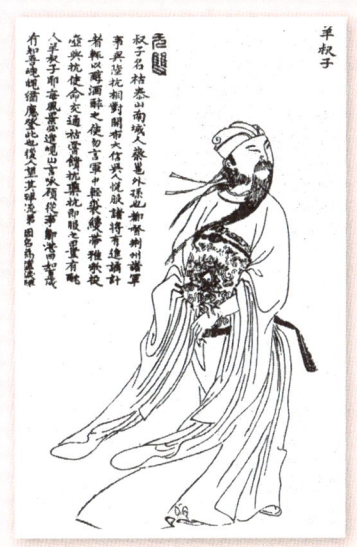

양호의 초상 평소 가서를 통해 자녀의 생활과 공부에 대해 알맞은 지적과 충고를 남긴 양호의 교육법은 대화가 부족한 오늘날 우리 자녀교육을 되돌아보게 한다.

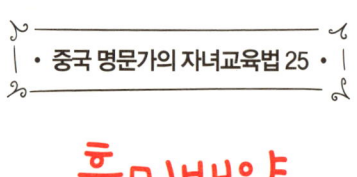

흥미배양

: 호기심이 사라지면 지성도 사라진다 :

"흥미만한 선생이 없다."

"흥미 상실은 아이에게 치명적인 독이다."

아이들의 교육에서 흥미를 빼고 나면 바람 빠진 풍선보다 더 볼품이 없을 것이다. 흥미는 아이의 심령을 일깨우는 가장 근원적인 심적 상태다. 그리고 동시에 흥미는 후천적으로 기를 수 있고 발전시킬 수 있다. 따라서 흥미는 그 자체로 교육적 차원에 놓이는 것이다.

오늘날 많은 부모들이 자식의 성공을 갈망하면서도 정작 올바른 교육법에 대해서는 깊게 생각하지 않는다. 아이가 공부에 흥미를 잃었을 때 아이의 흥미를 되살릴 수 있는 방법은 강구하지 않고, 윽박지르거나 심하면 폭력적인 방법으로 공부를 강요하는 부모가 너무 많다. 이렇게 되면 아이는 영원히 공부에 흥미를 잃고 포기한다.

　맹자의 어머니는 어린 맹자가 바람직하지 못한 놀이에 흥미를 갖자, 거처를 옮겨 자식의 흥미를 다른 쪽으로 이끌었다. 공자의 어머니 안징재顔徵在는 공자가 음악에 흥미를 보이자, 다양한 악기를 보여 주고 또 사주었다. 그러는 한편 직접 악기를 연주하거나 연주자들을 초빙하여 공자의 흥미를 북돋우었다.

　친척이나 이웃사람들은 이런 안징재의 교육 방식을 이해하지 못하고 수군거렸고, 또 직접 대놓고 묻는 사람도 있었다. 이에 안징재는 "아이가 어릴 때부터 직접 악기를 만지면서 흥미를 기를 수 있도록 해야 합니다. 그러면 점점 커가면서 이런 악기들을 좋아하게 되겠죠."

――― **공자문소처** 공자가 제나라에 갔을 때 '소(韶)'라는 악곡 연주를 들은 장소로 전하는 '공자문소처(孔子聞韶處)'다. 지금의 산둥성 치박시에 남아 있다.

라고 대답해주었다. 그러면서 그녀는 또 "사람이 되려면 뿌리와 기초가 중요하고, 일을 처리할 때는 원칙에 따라야 합니다. 예악은 규칙이나 원칙을 중시합니다. 연주법을 무시하고 함부로 연주하면 곡이 성립하지 않습니다. 아이에게 일찍부터 예의, 음률, 등급을 알게 하면 훗날 크게 도움을 될 겁니다."라는 말로 주위를 이해시켰다.

훗날 공자는 음악에 상당한 조예를 갖게 되었는데, 제나라를 방문하여 소韶라는 악곡의 연주를 듣고는 그 여운이 석 달 동안 고기 맛을 잊을 정도로 남았다고 한다. 뿐만 아니라 공자의 연주 실력도 대단했다. 제자들과 함께 천하 각지를 주유하다 큰 곤경에 처했을 때도 공자

공자의 무덤과 〈공자강학도〉
공림(孔林)은 공자와 그의 후손만이 사용하는 묘지로 지금까지 세계에서 가장 오래된, 그리고 면적이 가장 넓은 씨족 묘지다. 그림은 제자들을 가르치는 모습을 그린 〈공자강학도〉다.

는 편안하게 거문고를 연주하며 제자들을 다독거렸다. 어릴 때 가졌던 음악에 대한 흥미가, 일생 고비 고비마다 공자의 심정을 안정시키는 중요한 역할을 한 것이다.

흥미를 길러주는 교육법을 '흥미배양'이라 한다. 이 방법은 어떤 사물이나 활동 표현에 대한 아이의 적극적 정서와 태도를 길러주는 것이다. 사람의 흥미취미는 너무 다양하여 보는 각도에 따라 다양하게 분류할 수 있다. 대개 물질적 흥미와 정신적 흥미, 직접적 흥미와 간접적 흥미, 적극적 흥미와 소극적 흥미로 나눈다.

사람의 흥미는 또 그 폭과 깊이 및 안정성 등에 따라 나름대로의 특징을 보이는데, 이를 흥미의 품질이라 부른다. 이 품질이 청소년의 성장에 대단히 중요한 의미를 갖는다.

첫째, 흥미의 폭은 흥미의 범위가 크냐 작으냐를 가리킨다. 청소년기에는 흥미의 폭이 넓은 쪽이 좁은 것보다 낫다는 것이 일반적 시각이다. 하지만 개인차는 충분히 고려되어야 한다.

둘째, 흥미의 중심이란 폭넓은 흥미 중에서 중심이 되는 것이 어떤 것이냐를 가리킨다. 흥미가 무조건 넓기만 하고 중심이 없으면 각 방면에서 성공하기 힘들다. 사람의 정력과 시간 및 조건은 한계가 있기 때문이다.

셋째, 흥미의 안정성이다. 이는 흥미의 지속성이라고도 할 수 있다. 흥미의 폭이 아무리 넓고 또 중심을 가진다 해도 지속성이 없으면 사상누각이다. 지속성을 가지고 흥미 대상에 대한 전문적이고 계통적인 지식을 획득해야만 성공을 위한 최소한의 조건을 갖추는 것이다.

흥미는 타고나는 것이 아니라 후천적 환경, 교육과 실천을 통해 점차 생겨나고 발전하는 것이다. 따라서 목표와 계획을 가지고 선택적으로 아이를 위해 좋은 흥미를 길러줄 수 있다.

① 아이가 생활이나 공부 그리고 일에 대해 열정을 가질 수 있도록 신경을 써야 한다.

② 아이가 주동적이고 적극적으로, 몸과 마음의 건강에 좋은 활동에 참여할 수 있도록 이끌어 주어야 한다.

③ 소극적 흥미의 해로움을 아이가 스스로 깨닫고 억제할 수 있도록 아이를 교육시켜야 한다. 소극적 흥미는 인생에 좋지 않은 결과를 가져다주기 때문이다.

흥미는 호기심에서 출발한다. 호기심과 흥미는 모든 공부의 출발점이라 할 수 있다. 따라서 좋은 쪽으로 흥미를 유도하고 그것을 살릴 수 있도록 배려하는 교육법이 중요하다. 흥미는 또한 창조의 실마리이기도 하다.

따라서 다소 엉뚱해 보이더라도 대화를 통해 자녀의 생각을 충분히 파악하여 그에 맞는 환경을 조성해주어야 한다. 나아가서는 자녀가 호기심과 흥미를 가질 수 있는 기회와 경험을 만들어주는 데에도 신경을 써야 한다.

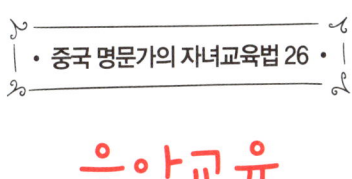

음악교육

: 인간관계의 조화를 음악에서 배우다 :

가정이든 학교에서든 자녀교육에 있어서 가장 중요한 과목을 들라고 하면 적지 않은 사람들이 음악, 미술, 체육을 꼽는다. 교육의 최종 목표가 지知, 지식 또는 지혜, 덕德, 인성, 체體, 건강과 건전를 함께 갖춘 인격체의 형성에 있다면, 이 세 과목의 중요성은 거의 절대적이라 할 수 있다.

건강하고 건전한 육신에 착한 인성으로 지식을 습득하고, 아름다움을 감상할 수 있는 눈과 귀 그리고 심성을 갖춘다면 더 바랄 것이 뭐가 있겠는가?

음악, 미술, 체육은 앞서 살펴본 흥미배양법과 관련이 있고, 학습자의 재능과도 밀접한 관련이 있어 자녀교육의 기본을 이룬다.

　음악, 미술, 체육교육 중에서도 음악의 중요성은 아주 오래전부터 강조되어 왔다. **음악의 발생 자체가 인간의 희노애락과 함께 시작되었기 때문에, 정서교육에 있어서 음악이 차지하는 비중은 거의 절대적이다.** '음악교육'은 나아가 인간의 질병을 치유하는 단계에까지 올라 있다.

　이와 관련하여 앞서 공자의 어머니인 안징재의 음악교육을 잠깐 살펴보았다. 어머니 안징재의 예상대로 공자는 악기들을 좋아하게 되어, 불고 뜯고 노래 부르며 음악의 묘미를 터득해갔다. 공자는 음과 음 사이에는 박자가 있으며, 음부와 음부 사이에는 일정한 규율이 있듯이 인간관계도 수없이 많은 가닥의 실처럼 얽혀 있다는 이치를 깨달아갔다.

　그리고 나아가서는 음률이 고르게 안배되어야만 듣기 좋은 음악을 연주할 수 있고, 인간관계는 조화를 이루어야만 사회가 안정되고 경제가 발전하여 국가의 기운이 상승할 수 있다는 사실을 터득했다.

　공자의 시대에 국가의 통치질서는 '예악禮樂'에서 비롯되었다. 따라서 공자가 받은 음악교육은 궁극적으로는 국가의 통치 질서의 본질을 배우는 것이었다. 이러한 예악교육을 받은 공자는 당시 사회의 혼란이 결국은 주周가 세운 예악이 붕괴되었기 때문이라는 결론을 얻었고, 이에 따라 그는 평생을 정통 예악의 회복을 위해 천하를 떠돌며 노력했던 것이다.

―――― **악기를 연주하는 공자** 행단에서 악기를 연주하는 공자의 모습을 그린 상상도다. 고향으로 돌아온 공자는 은행나무 아래에 단을 마련하여 제자들을 가르쳤다(이곳을 '행단'이라 한다).

'음악교육'은 악기와 음악 이론을 통해 아이의 성정을 다듬거나 음악에 대한 흥미와 취미를 기르는 교육법이다. 재능 있는 아이는 이를 통해 뛰어난 음악가로 성장할 수도 있다. **박자나 리듬 사이에 존재하는 조화를 인식함으로써, 나아가서는 인간관계와 사회관계를 조종할 수 있게 하는 고차원의 교육법이다.**

이 방법을 응용할 때는 다음 세 가지 방면의 문제에 주의해야 한다.

첫째, 가능한 어릴 때부터 아이의 음악에 대한 흥미를 기를 수 있게 한다. 음악은 섬세한 예술로 아이에 대해 대단히 큰 감염력을 가진다. 따라서 가능한 일찍부터 음악과 접촉할 수 있게 기회를 만들어야 한다.

둘째, 음악에 대한 감상력을 배양하는 데 주의력을 기울여야 할 것이다. 어떻게 감상력을 기르는가?

먼저 아이에게 비교적 높은 문화적 바탕을 갖추게 해야 한다. 다음으로 고전음악과 현대의 이름난 음악을 감상하게 하여 음악에 대한 감각을 길러야 한다. 그런 다음 음악을 통한 풍부한 연계성을 가지고 이미지 사유 능력을 키울 수 있게 한다.

셋째, 가장 중요한 문제로 반드시 아이의 재능에 맞추어 교육해야 한다. 이 점을 주의하지 않아 아이의 음악적 재능을 완전히 빼앗은 사례는 수도 없이 많다.

음악을 진정 즐길 줄 알았던 공자의 모습에서 오늘날 예능교육의 현주소를 되돌아보게 된다. 우리의 현실은 재능도 취향도 무시하고, 무엇보다 자식의 의사까지 무시해가며 무조건 피아노 학원으로 바이올린 교습으로 내모는 몰지각한 부모들로 넘쳐난다.

외국어교육도 상황은 마찬가지다. 이렇게 강제로 음악이나 외국어를 공부한 아이들은 결코 즐겁게 음악이나 외국어를 대하지 못한다. 학원을 끊는 순간, 피아노에 다시는 손을 대지 않는 아이들을 현실에서 너무 많이 보고 있다.

공자의 어머니 안징재가 보여준 음악교육의 사례를 통해 새삼 예체능은 흥미와 재미가 반드시 전제되어야 한다는 생각을 해본다. 다른 동물들과 달리 인간만이 유일하게 즐겁게 놀 줄 알고, 놀이하는 능력을 가진 동물이기 때문에 더욱 그렇다.

────── **행단** 음악에 대한 공자의 조예는 《논어》에 곳곳에서 확인된다. 좋은 연주를 들으면 반드시 앵콜을 청했다는 대목도 눈에 띈다. 공자가 강학하고 악기를 연주했던 '행단'의 원래 자리는 현재 공자의 사당인 공묘(孔廟) 안에 있다.

    음악은 이런 인간의 남다른 능력을 마음껏 발휘할 수 있게 해주는 가장 좋은 매개 수단이다. 좋은 음악은 사람을 여유롭고 세련되게 만든다. 그런 사람을 교양인이라 한다.

| Tips_왕부지가 아들과 조카에게 보낸 가서 |

소탈하고 가슴이 트여 있어
마음이 편안하면 부끄러울 것이 없다

뜻을 처음 세울 때는 먼저 나쁜 습관을 없애야 한다. 나쁜 습관은 술이 아니더라도 사람을 취하게 할 정도로 큰 영향력을 발휘한다. 그것은 슬그머니 들락날락거리며 흔적을 남기지 않는다. 누군가와 다툴 때, 그 일이 아주 작은 일이라도 상대에게 상처를 줄 정도로 크게 충돌한다.

한순간 끓어오르는 충동을 억누르지 못하면 소 아홉 마리의 힘으로도 그를 막기 어렵다. 당당한 사내대장부가 어찌 제 스스로 이렇게 되길 바라겠는가?

이런 사람은 정말이지 가엾고, 그 자신도 매우 부끄러울 것이다.

가슴과 시야를 활짝 열어라. 내 앞에 천 년의 유구한 세월이 있었고 내 뒤로도 몇 백 세대가 펼쳐질 것이다. 세상은 넓고 사방이 이웃인데 어찌 구속하고 견제할 수 있겠느냐?

뜻을 가진 인재가 어디 옹졸하게 세속과 더불어 떠올랐다 가라앉았다 하겠느냐?

무궁한 재부를 내가 무슨 수로 축적하겠는가?

눈앞의 모든 사람이 내 교화의 영향이 미칠 수 있는 대상이다. 그들의 호강함에 전혀 개의치 않는다면 내가 어찌 그것에 매이겠느냐?

소탈하고 가슴이 트여 있어 마음이 편안하면 부끄러울 것 없다. 숭고한 인격, 넓은 기품, 트인 가슴으로 공부한다면 고인의 경지를 깨우칠 수 있다. 그런 가슴으로 처신하면 호걸의 경지에 설 수 있다.

그런 식으로 부모에게 효도하면 고상한 절개를 기를 수 있고, 그렇게 친구와 사귀면 모든 일을 합리적으로 처리할 수 있다. 넓고 초연한 기품을 갖고 있기 때문에 그렇게 온화하고 쉬울 수 있는 것이다.

이런 사람의 인품은 하늘까지도 그 빛이 비추고 화초처럼 향기가 대지에 두루 미친다. 깊은 연못처럼 더할 수 없이 맑게 그림자를 비추며, 봄날의 청산처럼 그렇게 푸를 것이다. 나이 들도록 복되게 죽을 때까지 삼가 잘 기억해야 할 것이다.

왕부지(王夫之, 1619~1692 / 74세)

학문의 사회적 작용과 그 현실성을 강조했던 명말청초의 계몽주의 사상가이자 사학가 왕부지는 자는 이농而農, 호는 강재薑齋라 했다. 스스로 선산유로 船山遺老, 일호도인一瓠道人 등과 같은 아호도 썼다. 학자들은 만년에 그가 머물

렀던 고향 석선산에서 이름을 따서 선산 선생으로 높여 불렀다. 망국의 원인으로 지식인의 명리 추구와 인간들의 맹목적이고 이기적인 부귀영화 추구를 들면서, 그 뿌리를 교육에서 찾았던 왕부지는 실천적 대안으로 '공리公利'를 앞세우는 국가교육의 큰 좌표를 제시했다.

왕부지는 교육은 국가 정치의 중요한 구성 부분이므로 교육 개혁은 반드시 정치 개혁과 함께 가야 한다고 강조했다. 그는 "정치가 확보되어야만 교육을 실시할 수 있다."라고 말한다. 정치가 확립된 후에야 학교가 새롭게 일어날 수 있다는 것이다. 국가교육에 나타나는 각종 폐단의 근원은 정치에 있다. 따라서 국가 정치를 개혁하는 것이 가장 관건이라는 것이다.

왕부지는 한 나라를 망하게도 하고 흥하게도 하는 가장 근본적인 두 분야를 정치와 교육으로 보았다. 이는 지금 봐도 백 번 천 번 옳은 생각이다. 그는 불굴의 의지로 자신의 삶을 주도했으며, 비판적 자세와 시대정신을 잃지 않았던 선각자로 참으로 '위기의 사상가'라는 평가에 걸맞다.

왕부지의 초상 교육을 국가 흥망과 연계시켜 정치 개혁을 특별히 강조한 왕부지는 명말청초 위기의 시대를 정확하게 인식했던 큰 사상가였다.

• 중국 명문가의 자녀교육법 27 •

암시법

: 자존심을 건드리지 않고 잘못을 알게 하다 :

중국 역사상 저명한 가정교육 사상가로 불리는 안지추顔之推는 깊은 학식과 풍부한 경험을 바탕으로 가족과 가정교육의 교과서라 할 수 있는 《안씨가훈顔氏家訓》이라는 저서를 남겼다. 그는 공자의 수제자였던 안회顔回의 35세손이다.

《안씨가훈》은 모두 7권 20편으로 이루어져 있는데 가정교육을 비롯하여 개인 수양, 실제적인 공부, 실무 등 개인 공부와 수양을 현실에서 실질적으로 적용할 수 있는 내용들이다. 중국 역사상 가장 완전하고 풍부한 내용의 가정교육서라는 평가를 얻고 있다.

안지추는 남북조라는 혼란한 시대를 겪은 사람이다. 따라서 이 책은 안지추의 경험, 사상, 학식 등이 총망라되어 있는 종합적인 가정교육서이기도 하다. 안지추는 특히 세상이 혼란스럽고 살림이 어려울수록 더욱 중요시되는 되는 것은 '가정 도덕의 확립'이라고 했다. 따라서 시종일관 인간 존재의 바탕인 가정의 화평한 질서와 집안의 기둥인 아버지의 권한을 강조하고 있어, 부권의 상실은 물론이고 가정의 해체시대를 살아가는 우리 모두에게 큰 깨우침을 주고 있다.

이 안지추의 후손으로 안후란 인물이 있었다. 그는 당나라가 망하고 오대의 혼란한 시대를 산 인물인데, 안씨 가문의 우량한 가풍 덕분에 자신과 집안을 잘 지켜냈다. 안후가 자식을 교육한 방법에서 눈길을 끄는 것은 자식을 나무랄 때, 그 자리에서 당장 나무라지 않았다는 점이다.

한번은 귀한 손님과 장기를 두고 있는데, 아들이 친구와 어울려 요란스럽게 떠들고 장난을 치는 바람에 안후는 마음이 몹시 언짢았다. 그는 당장이라도 아들을 따끔하게 야단치고 싶었다. 하지만 그는 그렇게 하지 않았다. 그랬다가는 아들 친구의 체면을 손상할 뿐 아니라 아들의 자존심도 상하게 하여, 교육적 효과는커녕 도리어 일을 그르칠 것이라는 판단 때문이었다.

그래서 안후는 직접 〈장기시합〉이라는 글을 써서 담장에 붙여 놓았다. 아들은 이 글을 보고 자신이 한 행동에 큰 부끄러움을 느꼈고 아버지에게 자신의 잘못에 대해 용서를 구했다.

안후는 늘 이런 방법으로 아이들을 교육했고, 그래서 가족들은 안후가 아이들에게 화를 내는 모습을 볼 수 없었다. 그의 이런 질 높은 교육법 때문에 한 집안 100여 명의 식구들이 화목하게 잘 지냈고, 자식과 조카 20여 명은 모두 유명한 유생으로 성장했다.

안후가 사용한 교육법이 '암시법'이다. 이 방법은 간접적인 언행으로 암시를 통해 자식의 자성과 깨달음을 자극하여 결점과 잘못을 고치는 방법이다.

이 방법은 무엇보다 아이의 자존심을 고려한 것이다. 자존심이란 마음속의 가장 민감한 부분이자, 자아의식의 자아보호점이다. 따라서 암시법은 상대방의 자존심을 가능한 건드리지 않는 은근한 말투를 사용하며 화제를 다른 각도에서 이끄는 것이다.

이 방법은 또 문제의 요점을 남이 직접 지적해주는 것이 아니라, 자신의 반성을 통해 인식케 하는 것이다. 이렇게 하면 사리를 분명하게 밝힐 수 있으며 체면도 손상하지 않아도 된다.

'암시교육'은 이것을 말하면서 사실은 저것을 가리키는 언어다. 듣는 사람이 먼저 접수하는 것은 이것에 대한 신호다. 하지만 뇌의 분석과 추측을 거치면서 아주 빠르게, 사실은 저것을 가리키는 것이 진짜 뜻이라는 것을 알게 된다.

부모가 암시법을 사용할 때는 아이들의 정서를 잘 관찰해야 하며, 시기적절하게 암시할 수 있어야 한다. 또 적합한 장소 선택, 좋은 분위기 조성 등도 고려하여 가능한 부드러운 방식을 취해야 한다.

물론 선택된 방식은 아이들의 이해를 전제해야만 상응하는 작용을

 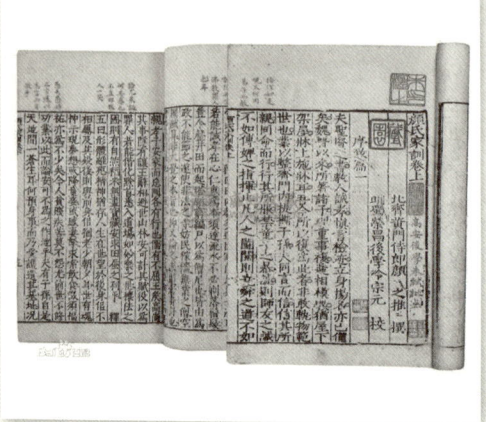

─── **안지추의 초상과 《안씨가훈》** 전통적인 자녀교육은 일쑤 낡았다고 외면당한다. 그러나 조금만 깊게 들여다보면 오늘날 교육의 문제점을 고스란히 확인하게 하는 성찰의 기회를 가질 수 있다. 유가의 전통적인 교과서라 할 수 있는 《안씨가훈》을 남긴 안지추와 《안씨가훈》 판본이다.

일으킬 수 있다. 자녀의 나이가 어릴 경우에는 언어를 통한 암시보다는 포옹과 같은 신체 접촉으로, 자식에 대한 사랑과 관심을 암시하거나 적절한 신체 언어로 자식이 잘못을 직감하도록 암시할 수도 있다.

　암시교육은 학문적으로 의학과 심리학의 근거를 갖고 있는 교육법이기 때문에 관련 정보를 습득하여 적용하면 더욱 효과적이다.

| • 중국 명문가의 자녀교육법 28 • |

자성계발

: 스스로 깨우치는 것이 가장 좋다 :

위대한 역사가 사마천은 황제의 심기를 건드려 옥에 갇히고, 억울하게 반역죄에 몰려 사형 선고를 받았다. 미처 마치지 못한《사기》를 완성하기 위해 사마천은 궁형이라는 치욕을 감수했다. 3년간에 걸친 옥살이 끝에 50의 나이로 풀려난 사마천은 죽음보다 처절하게《사기》를 완성했다.

옥살이 3년과 궁형은 인간의 본질, 권력과 권력자, 세상을 이끌어가는 원동력 등 역사를 구성하는 근원에 대해 더욱 깊게 재고하도록 했다. 그 결과 역사를 움직이는 진정한 주체가 권력가나 지배층이 아닌 수많은 보통 사람임을 자각할 수 있었다.

끔찍한 고통은 대부분 인간을 절망시키고 자포자기하게 만들지만, 때로는 무엇과도 비교할 수 없는 깨우침을 선사하기도 한다. **교육 과정에서 자각은 엄청난 결과물이다. 스스로 깨우치는 것보다 더 큰 교육적 효과는 없기 때문이다.** 교육법에서는 이를 '자성계발'이라고 부른다.

아편전쟁을 통해 청나라 말기 한 시대의 영웅으로 활약하면서 역사에 큰 족적을 남겼던 임칙서는 젊은 날 성질이 급하고 일처리도 세심하지 못해, 늘 대충대충이었다. 사람들과 논쟁을 할 때도 마음의 평정을 잃고 얼굴을 붉히기 일쑤였다.

어느 날 이른 아침, 여느 때와 마찬가지로 임칙서는 글씨 연습을 하

임칙서의 초상과 석상 평생을 백성과 나라를 위해 자신을 희생했던 임칙서는 아버지로부터 의미심장한 고사를 듣고는 자신의 급한 성격을 다잡는 자성을 통해 크게 진보했다.

고 있었다. 그런데 그날따라 글자가 영 제대로 써지질 않았다. 이때 아버지가 들어왔고 임칙서는 더욱 조급해졌다. 글씨는 엉망이었다. 허둥대는 임칙서의 모습을 본 아버지 임빈일林賓日은 차분한 표정으로 임칙서를 자리에 앉게 한 다음, 이런 옛날이야기를 들려주었다.

옛날에 부모에게 끔찍이도 효성스러운 판관 나리가 있었다. 그는 세상에서 불효를 무엇보다 미워했고, 그래서 불효를 범한 죄는 다른 죄보다 더 무겁게 다스렸다. 어느 날 건장한 두 사내가 입에 재갈을 물린 젊은이 하나를 꽁꽁 묶어 관아로 끌고 왔다. 그러면서 두 사내는 이놈이 하도 자기 어머니에게 불효막심하게 굴길래 이렇게 잡아왔다고 했다.

팔다리를 묶었는데 입으로 계속 어머니 욕을 해서 입에 재갈을 물렸다고 했다. 판관은 버럭 화를 내며 젊은이에게 곤장 50대를 치게 했다. 젊은이의 엉덩이는 살이 벗겨지고 피가 철철 났다.

이때 웬 노파가 지팡이를 짚고 관아로 와서 울면서 자기 아들을 구해달라고 애원했다. 도적 둘이 집에 들어와 소를 훔치고 관가에 알리려는 아들을 묶어서는 어디론가 달아났다는 것이었다. 아뿔싸! 방금 곤장을 맞은 그 젊은이가 바로 이 노파의 아들이고, 젊은이를 묶어 왔던 두 사내가 도둑놈들이었던 것이다. 성미 급한 판관 나리께서 불효자라는 소리만 듣고 앞뒤 가리지 않고 무턱대고 젊은이에게 곤장을 쳤던 것이다.

임칙서는 이 이야기를 마음속 깊이 새겼고, 이후 조급한 성격을 크게 고칠 수 있었다. 임칙서의 아버지가 사용한 이런 교육법을 '자성계발'이라 부를 수 있다.

이 교육법은 어떤 일의 진상을 직접 말하지 않고 계발성 언어를 사용하여 아이가 연상과 사상을 통해 자각하고, 자신의 행위와 연계시켜 자신에 존재하는 문제를 인식하게 하는 방식이다.

연상과 자성은 인간의 사유가 갖춘 기능이다. 연상은 감각을 기초로 하며, 자성은 연상을 통하여 인간의 내면적 심리 변화를 달성하는 것이다. 인간 사유의 이러한 특징들을 기초로 하여 말하기 불편하거나 직접 말할 수 없는 일들에 대해 계발성 언어를 이용한다. 그래서 듣거나 보는 자로 하여금 자기 특유의 연상과 자성의 기능을 발휘하게 하고, 스스로 자신의 심령을 건드려 그에 상응하는 어떤 반응을 생산하게 함으로써 계발자가 바라는 목적을 이루는 것이다.

이 교육법을 사용하려면 다음 세 가지에 주의해야 한다.

첫째, 문제점을 정확하게 찾아야 한다. 즉, 교육자나 피교육자가 문제점에 대해 같거나 비슷한 인식을 갖고 있어야 한다는 말이다.

둘째, 문제에 대한 두려움을 가져야 한다. 문제의 심각성을 중점적으로 지적하여 피교육자가 마음으로 두려움을 갖게 해야만 자성할 수 있기 때문이다.

셋째, 교육 과정에서 부드러운 방식을 취하여 친절한 느낌을 갖게 하는 것이 좋다. 임칙서 아버지가 차분하게 옛날이야기를 들려주는 방식 같은 것이 효과적이다.

자성계발은 위에서 지적한 대로 자녀가 갖고 있는 문제점을 정확하게 파악해야 한다. 즉, 정확한 진단이 전제되어야 한다. 그렇지 않으면 자칫 잔소리처럼 역효과를 내기 십상이기 때문이다.

이 교육법이 주효할 경우, 다른 문제에도 긍정적인 효과를 연쇄적으로 낼 수 있다는 점도 지적해둔다. 학습자의 자성自省 만큼 좋은 교육이 없기 때문이다.

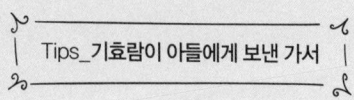

Tips_기효람이 아들에게 보낸 가서

노동의 수고로움,
너희들도 농사를 지어봐야 한다

우리 집은 선조들께서 쌓으신 공덕에 힘입어 자손들이 몇 대에 걸쳐 벼슬에 나갈 수 있었다. 지금 내 자리와 녹봉은 최고에 해당하지만, 나는 내 학문이 보잘것없으며 이런 자리와 녹봉을 누릴만한 덕도 닦지 못했다는 것을 잘 알고 있다.

지금 황실의 일을 책임진 종백으로 지난 몇 대에 걸쳐 쌓아 놓은 복을 내가 다 날려버리지나 않을까 겁날 뿐이다.

그래서 작은 벼슬에 있을 때부터 겉모습 같은 데는 신경 쓰지 않으면서 살았다. 벼슬이 하루하루 올라가면서 내 마음의 걱정도 하루하루 깊어만 갔다.

"높이 올라갈수록 무겁게 떨어진다."라는 옛말이 있다. 나는 평소 늘 조심하고 근신하면서 알아서 근검절약을 지켰다. 손님을 초청한 경우가 아니면 맛난 음식을 먹지 않았고, 제사가 아니면 함부로 살생을 하지 않았다.

내 나이 벌써 쉰을 넘었고, 벼슬도 상서라는 고위직에 녹봉도 매우 많다. 더 이상 이런저런 계율에 매이지 않는 것은 자손들에게 여지를 남기기 위해서다.

일찍이 관운이 형통하여 몇 세대에 걸쳐 높은 벼슬에 권세를 누리면서 생사여탈권을 한 손에 쥔 채 앞뒤 돌보지 않으며 설침으로써, 세상의 주목을 끈 인물을 배출한 집안이 있었다. 그런데 집안이 쇠락하자, 자손들은 미친 듯 도박과 기생집에 빠지기 시작하여 마침내 풀더미 위에서 잠자며 빌어먹는 신세가 되었다. 그 아버지 세대의 영광은 어디로 갔단 말이냐?

내가 일부러 이런 사례를 들어 너희들의 이목을 집중시키려는 것이 결코 아니다.

내가 전에 전씨의 오래된 집을 산 적이 있는데, 지금 우리 집 가묘로 바뀌었다. 최근 들리는 소문에 따르면 그 전씨 집안의 아들은 벌써 거렁뱅이가 되었다는구나. 그 아버지 때만 해도 대단히 잘나가던 고관 집안 아니었냐?

너희들은 이런 사례를 보고 귀감으로 삼아야 옳지 않겠느냐?

오만무례하지 말 것이며, 호화사치를 추구하지도 마라. 가난한 사람을 만나거든 가엾게 여겨 도와주어라.

그리고 너희들도 노동을 해봐야 한다. 내가 꽤 넓은 땅을 사서 사람을 고용하여 농사짓게 하고 있는 것도 너희들이 수시로 농사짓는 것을 배워,

장차 분수를 아는 사람이 되었으면 하는 생각에서였다. 그래야 훌륭한 내 아들이고, 우리 집안의 조상도 굶지 않고 영원히 제사를 받으실 수 있을 게다.

봄에 밭 갈고 여름에 모내기하면서 손발에 굳은살이 박히는 것은 지위가 낮은 사람이나 하는 일이라 생각해서는 안 된다.

이걸 알아야 한다. 농민의 지위는 사회 모든 부류의 으뜸이고, 지식인은 끝자리라는 것을. 농민은 별과 달을 지고 온 힘을 다해 노동해서 천하 사람을 먹여 살린다. 이 세상에 농부가 없다면 사람들은 모두 굶어 죽을 테니 그들을 어찌 무시할 수 있겠느냐?

너희들 스스로를 경계해야 할 것이다.

기효람(紀曉嵐, 1724~1805 / 82세)

쾌활하고 총명한 천재로 이름을 날렸던 청나라 때 학자 기효람은 신동 또는 천재의 대명사이기도 했다. 아홉 살 때 벌써 동자시에 참가했고, 약관의 나이로 향시에 일등으로 급제하여 주위를 놀라게 했다. 그러나 25세 때 기세당당하게 치른 회시에서 낙방하고 여기에 모친상까지 겹쳐 무려 6년을 기다려 31세 때 모든 과거 시험을 통과하여, 수재들의 집합장소라고 하는 한림원에서 관료생활을 시작했다. 그는 쾌활하고 총명한 인물이었으며, 아무리 어려운 상황에서도 웃음과 유머를 잃지 않았던 따뜻하고 경쾌한 학자였다. 그는 재치가 넘쳤고, 주변을 즐겁게 만드는 인간미의 소유자였다.

위 글은 기효람이 평소 자녀의 생활 태도 등을 살피면서 주의해야 할 점들을 지적한 가서다. 기효람은 당대가 알아주는 명사였고 관직도 대단히 높았다. 이 때문에 주변의 질시와 질투가 심했다. 기효람은 늘 말과 행동에 주의를 기울였고, 이런 점들을 자녀들에게도 주의를 주었다. 특히 노동을 강조하면서 직업에 귀천이 없고 먹고 쓰는 것을 생산한 사람들에게 감사하라는 대목은 여전히 새겨들을 만하다.

기효람의 초상 기효람은 청나라가 낳은 천재 지식인의 한 사람으로 중국 역사상 최대의 편찬사업인 《사고전서(四庫全書)》의 총 편찬자로 활약하는 등 문화사업 방면에 적지 않은 업적을 남겼다.

• 중국 명문가의 자녀교육법 29 •

고사활용

: 동화와 고사라는 오래된 미래를 활용하라 :

일본의 교육학자 스즈키 신이치는 수십 년에 걸친 연구와 교육 실천을 통해 다음과 같은 법칙을 발견해냈다.

"언어환경에서 언어를 배우고, 음악환경에서 음악을 배운다."

지극히 당연하고 평범하게 들리는 이 말에는 대단히 중요한 의미가 담겨 있다. **자식의 언어 능력이나 소질을 키워주려면 부모 자신이 좋은 말솜씨를 갖추고 있어야 한다**(꼭 말을 잘해야 한다는 뜻은 아니다. 사랑과 진실을 담은 말이면 된다).

이때 부모는 자식과의 대화 또는 동화나 고사옛날 이야기 등을 들려주는 일상적 교류활동을 통해, 자식에게 시범을 보이거나 자식을 인도

할 수 있다. 그리고 자식에게 보다 나은 언어환경을 조성하고 아이에게 자연스럽게 영향을 줄 수 있다. 이런 방법을 '고사활용'이라 한다.

어떤 부모들은 아이가 기본적으로 말을 배우고 나면 늘 어른들과 대화하면서 자연스럽게 언어 능력을 향상시킬 수 있는데, 굳이 동화나 고사를 강조할 필요가 있냐고 반문한다.

하지만 이는 하나만 알고 둘은 모르는 질문이다. 동화나 고사는 단순하고 한계가 뻔한 일상적 대화의 틀을 돌파할 수 있는 좋은 교육 재료다.

동화나 고사는 내용이 풍부하고 다채로우며, 그 언어는 앞뒤가 잘 맞게 다듬어져 있다. 수많은 사람과 사건이 나오며, 시간과 공간의 서사적 요소를 갖추고 있기 때문에 생동감 넘치고 흥미롭다. 따라서 아이들의 민감한 언어 감각을 기르는 데 대단히 유리하다(최근에는 동화나 고사를 읽으면 치매 예방에도 효과가 있다는 연구가 나오기까지 했다).

예컨대 우정을 대표하는 것으로 잘 알려진 '관포지교管鮑之交'라는 고사성어가 있다. 그런데 이 고사성어는 단순히 우정만을 가리키지 않는다.

이 고사 안에는 자신에게 돌아올 재상 자리를 관중에게 양보한 포숙의 고귀한 정신 세계, 백성을 부유하게 하는 것이야말로 나라를 부강하게 만든다는 정치·경제·철학을 가지고 40년 동안 제나라를 위해 헌신한 관중의 경륜, 말년에 죽음을 앞두고 포숙이 아닌 다른 인물을 자신의 후임으로 추천한 관중의 공사분별 정신, 관중의 이런 처사를 섭섭하게 생각하지 않고 "내가 사람 하나는 잘 보았다. 그러라고 그 사람관중을 재상에 추천한 것이다."라며 관중을 칭찬한 포숙의 허심탄회함 등이 수준 높게 펼쳐지고 있다.

고사성어 하나에 많은 가치 개념이 함축된 대표적인 사례라 할 수 있다. 따라서 이런 고사를 적절히 활용하면 교육에서 상당한 효과를 거둘 수 있다. 고사를 활용하여 아이를 교육시키는 이 방법은 교육적 효과가 적지 않는데, 그 주된 이유는 다음과 같다.

첫째, 고사는 우선 흥미롭다는 특징을 갖고 있기 때문에 아이들이 즐겁게 들을 수 있다.

둘째, 고사를 들려주면 아이의 지식이 확대되고 지혜가 계발되며 어휘력이 풍부해진다.

셋째, 고사는 아이의 상상력을 풍부하게 해준다.

넷째, 고사를 통해 아이의 품성을 좋게 기를 수 있다.

다만 이 방법을 활용하고자 할 때는 다음 다섯 가지를 주의하지 않으면 안 된다.

① 아이를 위한 고사를 부모가 선택해야 한다. 고사 내용이 적극적이고, 건강해야 하며, 진보적이어야 한다. 그래야만 아이의 심신 건강에 유익하다. 또한 고사가 흥미로워야 한다. 아이에게 싫증은 치명적이기 때문이다. 그리고 고사는 아이의 나이에 근거하여 선택되어야 한다.

② 고사를 들려줄 때, 고사의 예술성에 주의를 기울여야 한다. 즉,

표정이 풍부해야 하며 변화가 많아야 한다. 이 역시 아이의 관심과 흥미가 관건이다.

③ 고사를 다 들려주고 나면 아이에게 고사를 되풀이하도록 한다. 아이의 기억력과 언어 표현 능력을 단련시키기 위해서다.

④ 고사의 각도를 상황에 맞게 바꿀 수 있어야 한다. 다시 한 번 말하지만 싫증은 아이에게 치명적이기 때문이다.

⑤ 고사를 다 들려준 다음, 아이에게 고사의 내용을 바꾸거나 고사를 계속 이어나가게 하여 상상력을 단련시켜야 한다.

동화와 고사는 동서양을 막론하고 수천 년 동안 훌륭한 교육 교재로 활용되어 왔고, 특히 어린 자녀를 교육시킬 때에 큰 효과를 거두었다. 동양에서는 황실에서 황자들을 교육시킬 때에 고사를 한껏 활용

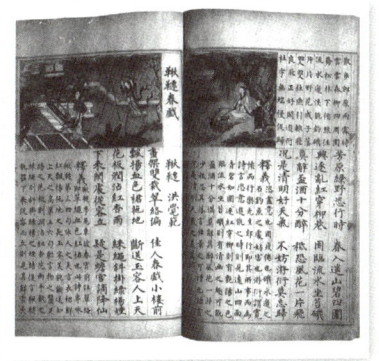

태자의 교과서 사진은 명나라 때 황태자를 교육시키기 위한 교과서다. 여기에는 고사와 고사를 시각적으로 살리는 그림이 많이 들어 있다.

했고, 황자들을 가르치기 위한 교과서에도 이런 고사가 다량 삽입되었다.

오늘날 부모는 동화와 고사를 충분히 활용하되, 현대적 의미까지 고려해야 할 필요가 있다. 이 과정에서 부모는 자녀의 생각과 의견을 경청하여 상호 의견을 교환하는 기회까지 만들어낼 수 있어야 할 것이다.

동화와 고사는 낡은 이야기가 아니라 자녀의 생각을 계발하고 창의력을 길러주는 '오래된 미래'라 할 수 있다.

• 중국 명문가의 자녀교육법 30 •

체험전수

: 옛것을 익혀 새것을 배운다 :

남송시대의 애국시인 육유陸游는 시詩로 자식을 잘 교육시켰다고 한다. 그는 자녀교육을 위해 100수가 넘는 시를 남겼을 정도로, 자녀교육에 남다른 관심과 애정을 보였다. 나라가 망하는 절박한 상황에서도 그는 자식에게 이런 말로 당부했다.

"훗날 송나라 군대가 북벌하여 중원을 평정하는 날, 행여 잊지 말고 제사 올려 이 늙은이에게 알려라."

그는 자식들에게 상당히 구체적으로 공부법을 알려주고 있는데, 대개 자신의 체험을 전수하는 데 중점을 두고 있다. 그래서 이런 교육법을 '체험전수'라 한다.

시를 공부하려는 아들에게는 "정말로 시를 공부하려거든 그저 문장의 기교에만 신경을 써서는 안 되고, 정력과 시간을 사상의 수양과 생활의 체험에 투자하라."고 충고한다. 또 "옛날 사람들은 온 힘을 다 바쳐 학문에 매진했으니, 젊어서 공부가 나이 들어 결실을 맺는다."라고 하여 공부의 시기와 노력을 강조하기도 했다.

그런가 하면 자식이 큰 뜻을 품길 바라는 마음에서 "지식인의 사업은 천 년을 기약하기도 하니 득실을 쉽게 평할 수 없다."라고 하면서 "한순간의 득실에 연연해하지 말라."고 격려한다.

육유는 자신의 학습 경험을 자식들에게 친절하게 알려주고 요령을 지적한다. 그리고 한 걸음 더 나아가 공부의 목적은 '관리가 되고 출세하는 데' 있는 것이 아니라, '나라와 백성을 위한 것'이라는 점을 늘

육유의 동상 망국의 혼란 속에서도 육유는 절망하지 않고 열정에 찬 애국시를 남기고, 자신의 희망에 찬 열정을 자식들에게 고스란히 전했다.

상기시켰다. 그가 만고의 애국시인으로 남은 것도 이런 그의 투철하고 분명한 자세와 교육관에서 기인하는 바 크다고 하겠다.

'체험전수'는 부모가 자신이 공부하면서 느끼고 얻은 생생한 체험을 아이에게 소개하여 교육 효과를 얻는 방법으로, 아이의 학습 과정에서 매우 중요한 의미를 가질 수 있다.

우선 아이의 학습을 이끄는 작용을 할 수 있다. **아버지나 어머니의 경험은 아이에게는 남다를 수밖에 없다. 아이는 아주 자연스럽게 체험을 전수받고 이를 학습에 적용하게 된다.** 다음으로 이 방법은 아이의 학습을 격려하고 검사하는 작용을 한다.

이 방법을 활용할 때는 다음 세 가지에 유의해야 한다.

첫째, 아이에게 부모의 체험을 전수할 때는 진실해야 한다. 그래야 아이의 학습을 이끌고 도울 수 있다.

둘째, 이 방법은 말로 전수하는 것과 글로 전수하는 두 가지가 있는데, 말로 전수할 때는 무엇보다 허심탄회하게 서로의 생각을 교환하는 방식으로 진행해야 한다. 또 온화한 목소리로 화기애애한 분위기에서 생각을 나누어야지, 고압적인 자세로 아이를 긴장시키거나 두려워하게 해서는 절대 안 된다.

셋째, 이 방법은 대상이 적절하고 대상의 성숙 정도를 고려해야 한다. 상대적으로 세상과 사람에 대해 고민하는 청소년기의 자녀에게 효과가 클 수 있다.

부모의 체험은 자녀교육에 절대적인 영향을 미친다. 부모는 자신의 체험을 섣불리 일반화해서 자식에게 일방적으로 전해서는 안 된다. 같은 상황이라도 체험의 결과는 얼마든지 다르게 나타날 수 있기 때문이다. 가능하면 다른 사람들의 다양한 체험에 대해 공부할 필요가 있다.

<u>아무리 의미 있는 경험이나 체험이라도 유효 기한이 있을 수 있다. 또 같은 체험기를 아무 때나 반복해서는 효과를 거두기 어렵다. 체험 교육은 특수한 것임을 명심해야 한다.</u>

《논어》에서는 온고이지신溫故而知新이라고 했다. 옛것을 익혀 새것을 배운다는 뜻이다. 옛것은 역사이고 경험이며 전례를 말한다. 경험

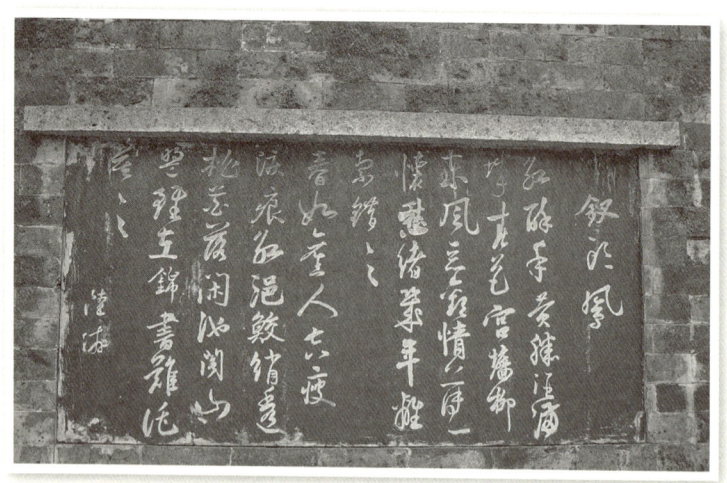

—— **〈차두봉〉** 육유는 젊은 날 사랑하는 여인과 거의 강제로 헤어지는 아픈 경험을 했다. 육유의 로맨스가 남아 있는 심원(절강성 소흥시)에 새겨져 있는 육유의 시 〈차두봉(釵頭鳳)〉이다.

242

풍부한 원로에게서 많은 것을 배울 수 있다는 의미다.

  중국 제나라 명재상 관중이 왕과 함께 고죽이라는 작은 나라를 토벌하러 갔을 때다. 출정할 때는 봄이었으나 돌아 올 때는 겨울이 되어서 군사들이 길을 잃고 눈 덮인 산야를 헤맸다. 그러자 그는 늙은 말을 풀어놓았고 그 말을 따라가니 길이 나왔다는 고사가 있다. 여물만 축낼 줄 알았던 늙은 말의 지혜를 빌린 것이다. 말의 체험조차 빌릴 수 있거늘, 사람의 생생한 체험이야 두말 할 것 없이 훌륭한 교육 교재가 될 수 있다.

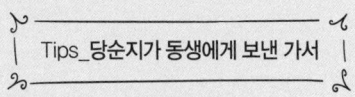

어렵구나,
사람이 모두 자신을 믿고 노력하기가!

먼 길을 나서는 사람과 문밖조차 나가지 않는 사람의 행적은 같을 수 없겠지만, 배운 사람의 인간 도리는 어느 쪽이 되었건 하나 다를 바 없다. 평소 자신과 관련된 크고 작은 일들을 어떻게 처리하느냐도 별다른 구별이 없다.

산속으로 들어가 세속과 자신을 분리시켜놓고도 철저하게 자신의 내면을 맑게 안정시키지 못하고 산과 물이나 둘러보며 희희낙락 헛되이 시간을 보낸다면, 다시 말해 자신의 유한한 생명과 체력을 이용하여 무의미한 낭비를 계속한다면 집에 멍하니 앉아서 시간을 보내는 것과 뭐가 다르겠느냐?

집에 있으면서도 각종 기호와 욕망을 절제하고, 온갖 세속 인정을 참고, 벌써 10년 이상 길러온 게으른 습관을 버리고 정력을 한 곳에 모아 마음으로 깨달을 수 있게 공부에 힘을 쓴다면 산속에 들어앉아 있는 것과 무엇이 다르겠느냐!

어렵구나, 어렵구나! 사람이 모두 자신을 믿고 노력하기가!

평소 남의 잘못만 보고 자신의 결점은 보지 못하는 것, 이는 지식인의 심각한 약점이자, 가슴 아픈 병폐가 아닐 수 없다.

장차 네가 공부해서 사람이 되려면 자신의 약점과 문제점을 심각하게 인식해야 할 것이다. 남의 이런저런 약점을 혐오하는 사람도 자신을 진정으로 한번쯤 돌아보면, 자신에게도 이런 약점이 있다는 것을 어렵지 않게 발견하게 될 것이다.

당순지(唐順之, 1507~1560 / 54세)

명나라 중기의 산문가이자 학자인 당순지는 학식이 다양하여 천문, 지리, 수학, 역법, 악율, 병법 등 섭렵하지 않은 분야가 없을 정도였으며 깊이도 대단했다. 특히 당송시대의 문장을 대량으로 골라 《문편》에 수록함으로써, 이른바 '당송8대가'의 역사적 지위를 확립했다.

당순지는 시와 문장을 창작함에 있어서 가슴에 품은 뜻을 바로 표출할 것을 제창했는데, 당송시대 선배들의 문장을 스승으로 삼되 결국은 자신의 글로 돌아가야 한다는 점을 지적했다. 참다운 창작정신과 영원히 닳지 않는 자기만의 견해를 소유해야 한다는 주장이었다.

그는 자신의 주장을 자신의 문장으로 실천해보였다. 그의 문장은 간결하면서도 우아하고, 밝고 경쾌하면서도 깊이 있었다. 또 구어체를 사용하는 등 형식에 매이지 않았다. 그래서 《명사》의 열전에서는 그를 두고 대가의 풍모가 엿보인다고 평가했다.

이 글은 당순지가 동생에게 준 글이다. 여기서 당순지는 공부와 생활에 있어서 태도와 자세의 중요성을 강조하고 있다. 그러면서 지나치게 편한 환경이나 조건이 공부를 망치거나 효과를 제대로 낼 수 없다는 점도 지적한다. 학습 환경과 조건은 갈수록 편해지고 있는데 반해, 학력이나 성취는 더 떨어지고 있다. 당순지가 말하는 자신의 유한한 생명과 체력을 무의미한 곳에 낭비하고 있기 때문은 아닌지 돌아볼 필요가 있다.

당순지의 초상 "무검(無劍)이 유검(有劍)을 이긴다."라는 말이 있다. 당순지는 공부에 있어서 환경과 조건보다는 학습자의 태도와 자세가 더 중요하다고 말한다.

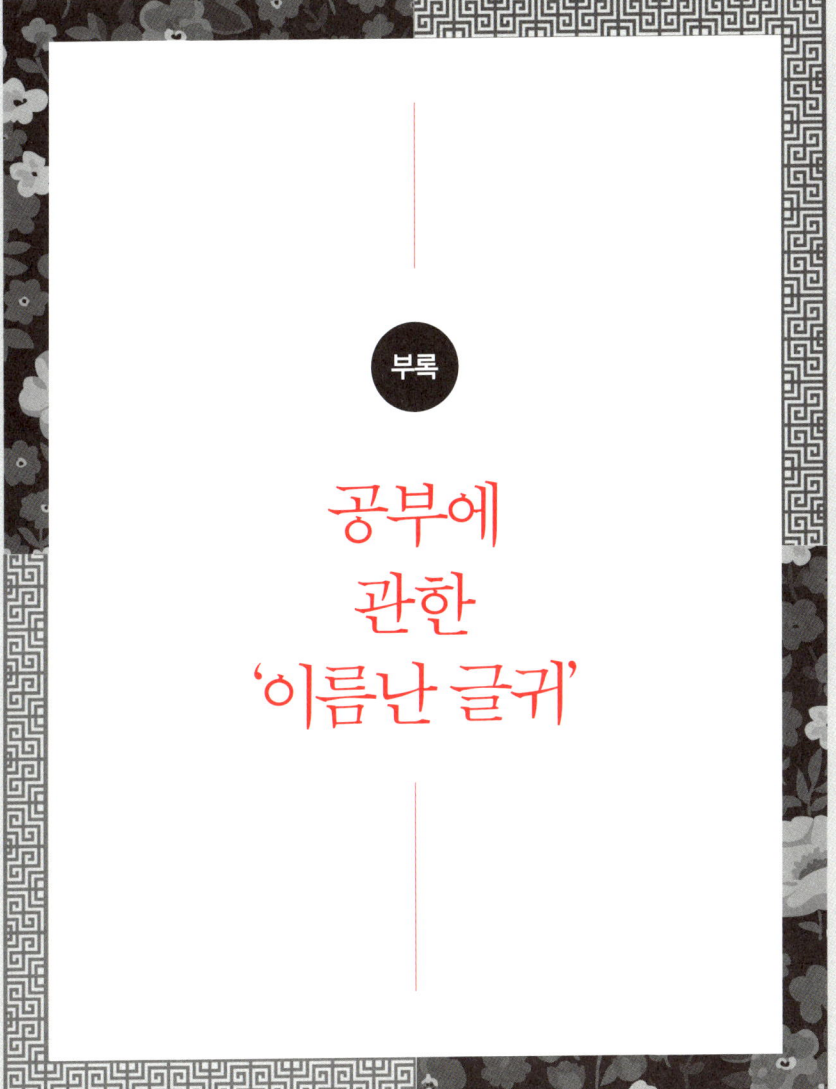

부록

공부에
관한
'이름난 글귀'

크게 의심하면 크게 진보한다.

大疑大進(대의대진).

_《육구연전집陸九淵全集》

　가르침도 이와 다르지 않다. 즐겁게 배울 수 있게 가르침의 방법과 수단을 강구하고, 인간과 사물의 이치를 따져 생각할 수 있도록 동기와 질문거리를 제공하는 가르침이야말로 오늘날 교육이 요구하는 바가 아니겠는가?

　공부에 있어서 질문과 의문 품기야말로 창신創新의 원천이라는 말이다. 학문에 괜스레 '問' 자가 들어가 있는 것이 아니다. 옛 현인들도 공부와 학문에 있어서, 질문과 의문 품기가 얼마나 중요한가를 누누이 강조하고 있다.

자기보다 아랫사람에게 묻는 것을 부끄럽게 여기지 않는다.

不恥下問(불치하문).

-《논어論語》〈공야장公冶長〉편

　공자가 공어孔圉를 두고 "그는 영민하고 배우기를 좋아하여, 아랫사람에게도 묻기를 부끄러워하지 않았다敏而好學(민이호학), 不恥下問(불치하문). 그래서 그를 문文이라 하는 것이다."라고 한 대목에서 나왔다.

부끄러움에는 여러 가지가 있다. 자기보다 못하다고 생각하거나, 자기보다 신분이나 지위가 낮은 사람에게 무엇인가를 묻는다는 것이 그리 쉽지는 않을 것이다. 그러나 모르는 것에 대해 부끄러워하지 않으면 그 대상이 누가 되었건 물어서 알고 깨쳐야 제대로 된 공부를 할 수 있고, 나아가 제대로 된 사람으로 성장할 수 있을 것이다. 구차한 체면 때문에 묻기를 꺼려하거나, 묻는 것 자체를 부끄럽게 여기는 사람은 못났다고 할 수밖에 없다.

배우고 묻다.

學問(학문).

_《맹자孟子》〈등문공滕文公〉상

〈역〉'건' 괘에 보면 "군자는 배워서 지식을 쌓고, 질문토론으로 사리를 분별한다君子學以聚之(군자학이취지), 問以辨之(문이변지)."라는 대목이 나온다. 이곳의 '학'과 '문'을 합쳐 학문이라는 단어가 만들어졌다.

또 《맹자》에는 '내가 전에 학문을 한 적이 없고, 말을 달리고 칼 쓰기를 좋아하여'라는 대목에서 '학문'이 나온다. 또 한나라 때 가산의 《지언至言》이라는 글과 청나라 때 고염무의 《일지록日知錄》에도 이 단어가 보인다.

믿을 만한 것을 믿는 것이 믿음이다.
의심스러운 것을 의심하는 것도 믿음이다.

信信(신신), 信也(신야).

疑疑(의의), 亦信也(역신야).

_《순자荀子》〈비십이자非十二子〉

믿을 수 있는 것은 믿고, 의심스러운 곳은 의심하는 것이 공부의 자세다. 순자 이후, 수많은 학자들이 공부에 있어 의심의 중요성을 강조해왔다.

순자는 같은 편에서 "모르면 묻고不知則問(부지즉문), 못하면 배워라不能則學(불능즉학)."라고 했다. 위 대목은 말과 논리에 대한 순자의 관심을 보여주는 대목이다. 공부와 관련해서도 시사하는 바가 적지 않다. 말과 침묵의 관계에 대한 언급도 주목할 만하다.

지식이 모자라면 끊임없이 배우면 되지만,
아랫사람에게 묻는 것을 부끄러워하면 자기 만족에 빠진다.

知不足者好學(지부족자호학),

恥下問者自滿(치하문자자만).

_《임포林逋》〈성심록省心錄〉

단순 지식은 여러 통로로 배우면 채울 수 있다. 오늘날처럼 지식이 해방된 시대에는 단순 지식은 더더욱 얻기가 쉽다. 그러다보니 모르는 것을 묻는 행위가 갈수록 드물어지고 있다. 아랫사람에게 묻는 것은 더더욱 희소하다. 따라서 오늘날의 공부는 단순 지식을 넘어 지식 이면에 감추어진 지혜와 통찰력을 파고들어야 한다. 그렇다면 묻는 행위는 더욱 필요해졌다.

임포는 위와 같이 말하면서 "한 사람은 군자, 한 사람은 소인으로 갈라지는 것이 여기서 비롯된다."라고 말한다. 배우기보다 묻길 잘해야 한다는 지적이다. 묻기를 부끄러워하는 사람은 자만에 빠져 앞으로 나가지 못하기 때문이다.

배움에는 의심 품기가 귀중하다. 작게 의심하면 작게 진보하고,
크게 의심하면 크게 진보하며 의심하지 않으면 진보란 없다.
學貴有疑(학귀유의), 小疑則小進(소의즉소진),
大疑則大進(대의즉대진), 不疑則不進(불의즉부진).
_《주자 가훈朱子家訓》

육구연과 같은 시대를 살면서 치열한 논쟁까지 벌였던 주희는 배움에 있어서 의문을 품는 것이 얼마나 중요한가를 다음과 같은 말로 강조한 바 있다.

또한 의문을 품는 것에만 머물러서는 안 된다. 의심스러우면 과감하게 물어야 하고敢問(감문), 의문이 들면 잘 물어야 하며善問(선문), 의혹이 생기면 반드시 물어야 한다必問(필문).

억측하지 말고, 절대 긍정하지 말고,
고집부리지 말고, 자신만 옳다고 여기지 말라.
毋意(무의), 毋必(무필),
毋固(무구), 毋我(무아)
_《논어論語》〈자한子罕〉편

이른바 공자의 '절사絶四'라는 것이다. 네 가지를 하지 말라, 또는 네 가지를 하지 않는다는 뜻이다. 사람의 결점과 잘못이 거의 대부분 이 네 가지에서 비롯된다. 타인과의 갈등과 충돌 또한 이로부터 빚어지는 경우가 적지 않다. 공자는 이 네 가지 잘못을 범하지 않으려고 애를 썼다.

재물 없음을 가난이라 하고,
배워 행동하지 않음을 병이라 한다.
無財謂之貧(무재위지빈),

學而不能行謂之病(학이불능행위지병).

_《장자莊子》〈양왕讓王〉

　　공자의 제자인 자공子貢과 원헌原憲 사이에 오간 대화의 일부다. 원헌의 집안은 가난하여 수양성 안의 작은 골목 안에 살았고, 방도 매우 비좁았다. 낡은 옷에 헝클어진 머리를 한 친구 헌원을 본 자공은 "아! 자네 무슨 병을 얻었는가?"라고 했다. 이에 원헌이 웃으며 답했다.

　　"재물이 없다는 것을 곤궁하다고 하나, 성현의 도를 배우는 것을 병이라고 할 수는 없다네. 나는 가난할 뿐 병을 얻은 것이 아니라네. 그러한 병은 세속에서 나쁜 물이 드는 것일세. 사리를 꾀하고, 사람을 위해 학문을 하고, 자신을 위해 가르치고, 인의의 도는 입을 다물고 말하지 않으니, 좋은 마차에 타고 준마를 몰며 화려한 옷을 입는 이러한 것들이야말로 나를 견딜 수 없게 한다네!"

　　자공은 이 말을 듣고 부끄러워하며 자신이 했던 말을 평생 후회했다고 한다.

듣기만 하고 보지 않으면
많은 것을 들었다 해도 잘못이 있을 수밖에 없고,
보기만 하고 알지 못하면
많은 것을 기억하고 있어도 허망할 수밖에 없으며,

알기만 하고 실천하지 않으면

아는 것이 많아도 곤경에 빠질 수밖에 없다.

聞之而不見(문지이불견), 雖博必謬(수박필류).

見之而不知(견지이부지), 雖識必妄(수식필망).

知之而不行(지지이불행), 雖敦必困(수돈필곤).

_《순자荀子》〈유효儒效〉편

순자는 학문의 목표를 듣고聞(문), 보고見(견), 알고知(지), 행동行(행)하는 데 있다고 보았다. 공부학문에 있어서 배움과 생각사고과 실천은 톱니처럼 맞물려 함께 진행되어야 한다.

학술적으로 표현하자면 학學, 사思, 행行의 변증법적 통일을 깊게 설파한 대목이다.

백 사람이 칭찬하더라도,

지나치게 가까워지려 해서는 안 된다.

百人譽之不可密(백인예지불가밀).

_《형론衡論》〈원려遠慮〉

송나라 때 문인 소순은 "백 사람이 칭찬하더라도 지나치게 가까워지려 해서는 안 되고, 백 사람이 비방하더라도 일부러 멀어지려 해서

는 안 된다百人譽之不加密(백인예지불가밀), 百人毁之不加疏(백인훼지불가소)."라고 말했다.

아무리 많은 사람들이 그를 칭찬하더라도 그것은 그 사람과 친밀한 사람이 많다는 것에 지나지 않다. 또 아무리 많은 사람들이 그를 비방하더라도 그것 때문에 그와 일부러 멀어지려 해서는 안 된다. 사람을 대함에 있어서 자신의 원칙과 주관을 견지하라는 지적이다.

하천은 쉼 없이 흐르기 때문에 바다에 이른다.
百川學海而至於海(백천학해이지어해).

_《법언法言》〈학행學行〉

한나라의 문장가 양웅은 이 말에 뒤이어 "구릉은 움직이지 않고 멈춰 있기 때문에 산이 될 수 없다丘陵學山而不至於山(구릉학산이부지어산)."라고 말한다. 하천과 구릉이 각각 바다와 산을 배우긴 하지만 하천은 바다에 이르고 구릉은 산이 될 수 없다.

수많은 하천이 끝내 바다에 이를 수 있는 것은 움직이는 덕분이다. 구릉이 아무리 애를 써도 산이 될 수 없는 까닭은 그 자리에 서 있기 때문이다.

양웅의 말하는 이치가 깊다.

알고도 행동할 줄 모르면 모르는 것과 같다.
知而不能行(지이불능행), 與不知同(여부지동).

_《오우자聱隅子》〈생학生學〉

실천하는 것이 먼저고 아는 것은 그다음이다. 이렇게 하면 가장 좋다. 알고 난 다음 행동해도 괜찮다. 노자는 이렇게 말한다.

"자신이 모르고 있다는 것을 안다면 대단히 현명하다. 자신이 안다는 것을 모르는 것은 큰 결점이다. 성인에게는 결점이 없다. 자신의 결점을 결점으로 여기기 때문이다. 다름 아닌 결점을 결점으로 여기기 때문에 결점이 없다는 것이다."

행동은 다른 사람에 앞서고, 말은 다른 사람에 뒤처져라.
行必先人(행필선인), 言必後人(언필후인).

_《증자전서曾子全書》〈수업守業〉

말과 행동의 함수관계에 대한 의미 있는 지적이다. 말보다 행동이 앞선다는 것은 일의 실천에 꼭 필요한 자세다. 하지만 보통 사람에게는 이 둘의 적절한 조화와 조정이 필요할 것 같다. 행동으로 옮기기가 힘들 때는 말을 먼저 앞세워 그 말에 대한 책임으로 행동이 뒤따라오

게 하는 것도 현명한 방법이라는 생각이 든다. 때로는 행동에 신중을 기해야 한다. 뒷감당이 안 되는 경우가 있기 때문이다.

물론 옛 성인들 말씀의 요지는 군자를 나누는 중요한 기준이 '신信'과 '수신修信'이라는 것이다. 믿음이 곧 '사람의 말'이라는 점에 주목하자. 그리고 그 말을 지켜내야만 제대로 된 사람, 즉 군자가 되는 것이다. 지행합일知行合一, 언행일치言行一致도 같은 맥락이다.

> 배우길 좋아하는 것은 지혜에 가깝고,
> 힘써 실천하는 것은 어짊에 가깝고,
> 부끄러움을 아는 것은 용기에 가깝다.
>
> 好學近乎知(호학근호지),
> 力行近乎仁(역행근호인),
> 知恥近乎勇(지치근호용).
>
> _《예기禮記》〈중용中庸〉

힘써 배우길 좋아하여 넓고 깊은 지식을 추구해야만 세상사 이치를 분명히 알 수 있다. 그래서 '배우길 좋아하는 것은 지혜에 가깝다'는 것이다. 또 배우길 좋아할 뿐만 아니라, 힘써 실천하여 자신의 언행을 일치시켜야 한다. 그래서 '힘써 실천하는 것은 어짊에 가깝다'는 것이다.

알고 실천하는 과정에서 잘못하는 경우를 완벽하게 피할 수 없다. 스스로 그 잘못에 따른 부끄러움을 알고, 그 잘못을 고치는 데 용감해야 한다. 그래서 '부끄러움을 아는 것은 용기에 가깝다'는 것이다.

즐겨 배우고, 깊이 생각해서 마음으로 그 뜻을 알다.
好學深思(호학심사), 心知其意(심지기의).
_《사기史記》〈오제본기五帝本紀〉

사마천의 학문하는 태도를 잘 보여주는 대목이자,《오제본기》를 저술하는 자세와 자신의 저술에 대한 자부심도 엿볼 수 있다. 사마천은 인간과 사물에 내재된 깊은 의미와 이치를 알고 깨치려면 배우는 것을 즐거워하고 생각을 깊이 하라고 말한다. 그러면 마음으로 그 의미와 이치를 알게 된다는 것이다.

이 여덟 자는 음미할수록 절묘하다. 필자는 늘 '심사深思'에 방점을 찍으면서 모든 의문과 의심, 의혹과 질문이 바로 여기서 비롯된다고 말해왔다. 그리고 이 여덟 글자를 가만히 잘 살펴보면 사마천의 절묘한 글자 배치와 의도를 눈치챌 수 있다.

생각 '思'라는 글자 아래에 있는 마음 '心'은 바로 다음 글자 마음 '心'자로 이어지고, 끝 글자인 뜻 '意' 자 아래의 마음 '心'으로 마무리된다. 그리고 전반부 끝 글자인 '思'와 후반부 끝 글자인 '意'는 마음 '心'을 공통분모로 대구를 이룬다. 또한 '學'과 '知'도 어울린다.

참으로 절묘한 배치이자, 의미심장한 명구가 아닐 수 없다.

다른 사물을 보면 생각이 바뀐다.

見異思遷(견이사천).

_《국어國語》〈제어齊語〉

춘추시대 최초의 패자가 된 환공이 재상 관중과 국사를 논의했다. 환공이 이렇게 땅이 넓고 인구가 많은 제나라를 어떻게 다스려야 백성이 즐겁고 편하게 생업에 종사할 수 있겠느냐고 물었다.

이에 관중은 많은 사람들이 한데 섞여 살면 서로서로 영향을 끼쳐 혼란을 일으킬 것이므로, 구역을 나누어 관리해야 백성이 생업에 종사하기가 유리하다고 말했다. 그리고 어릴 때부터 이런 환경에 익숙해야 '다른 사물을 보아도 생각이 바뀌지' 않게 된다고 조언했다.

관중은 사람이란 새로운 것이나 이상한 것을 보면 마음이 움직이기 마련이라는 인간 본성의 입장에서, 안정적으로 믿고 기댈 수 있는 생업의 확보가 나라 발전에 중요한 요인으로 작용한다고 보았다. 다소 소극적이기는 하지만 당시로서는 비교적 정확한 분석이었다.

그러나 이 고사성어는 그후로 의미가 조금씩 변하여 의지가 굳지 못하여 좋고 싫음이 쉽게 바뀌는 것을 비유하는 성어로 정착했다.

왜곡된 학설이나 학문으로 세상에 아첨한다.

曲學阿世(곡학아세).

_《사기史記》〈유림열전儒林列傳〉

'곡학아세'는 유명한 고사성어다. 이와 비슷한 성어로는 '자신의 뜻을 굽혀 남의 비위를 맞춘다'는 뜻의 '곡의봉영曲意逢迎'이라는 것도 있다.

사이비 지식인들에 대한 이 따끔한 충고는 한나라 초기 경제 때의 박사 원고생이 공손홍에게 "(그대는) 바른 학문으로 바른 말을 하는데 힘써야지, 왜곡된 학문으로 세상에 아첨하는 일이 없도록 해야 할 것이오."라고 한데서 나왔다.

공손홍은 60세 늦깎이로 박사가 된 입지전적인 인물이다. 논리와 법에 정통하여 어사대부 벼슬까지 올랐고, 훗날 평진후로 봉해질 정도로 유능한 인물이었다. 이런 그가 원고생이라면 두려워 어쩔 줄 몰랐다고 한다.

원고생은 제나라 출신으로 〈시경詩經〉에 정통했고, 적어도 〈시경〉을 말하는 사람 치고 원고생에 뿌리를 두지 않은 자가 없을 정도였다고 한다. 원고생이 현자를 구하던 무제에 의해 부름을 받았을 때는 그의 나이 90이었는데, 이때 함께 부름을 받은 공손홍에게 바로 이 말로 앞으로의 처신에 대한 경계를 삼도록 충고했던 것이다. 공손홍은 원고생의 인품에 감동하여 그에게 사죄하고 기꺼이 그의 제자로 자청했다.

또 원고생의 강직하고 숨김없는 성격을 드러내는 다음과 같은 일화가 있다. 경제景帝의 어머니인 두 태후는 노자와 상고시대 황제를 숭상하는 황로학黃老學의 열렬한 지지자였다. 두 태후가 하루는 박사 원고생을 불러 물었다.

"그대는 노자를 어떻게 생각하는지요?"

"노자는 머슴이나 노예와 같은 보잘것없는 인물입니다. 그러니까 그가 말한 것은 다 멋대로 떠들어댄 말에 지나지 않습니다. 적어도 천하를 논하는 사람이라면 문제시할 가치가 있는 사람도 책도 아닙니다."

이 말에 격노한 두 태후는 원고생을 멧돼지 우리 안에 넣어서 물려 죽도록 했다. 경제도 유교에 대해서는 별로 이해가 없는 터였지만 그래도 지나치다고 생각했는지, 예리한 칼을 원고생에게 주어 돼지를 찌르고 목숨을 건질 수 있게 하였다. 이 말을 들은 태후는 더 이상 원고생을 벌하지 않았다.

'곡학아세'는 배운 것을 나쁜 쪽으로 돌려 세상에 아첨한다는 뜻으로, 평소의 자기 신조나, 소신, 철학 등을 굽혀 시세에 아첨함을 말한다. 자신이 배운 전문지식이나 학벌 따위를 미끼 삼아 각종 권력에 아부하고 꼬리를 치는 출세지상주의 사이비 학자가 날뛰고 있는 현상에 대한 경고의 고사성어이기도 하다.

그런데 이런 현상이 수천 년 시공을 초월하여 지금 우리 사회에서도 다반사로 벌어지고 있다. 때로는 권력이 1인에게 집중되어 있던 왕조 체제보다 더한 것 같아 씁쓸하고 안타깝고 안쓰럽다.

백 번을 잘하다가 한 번 어긋나면
모든 덕행에 그 잘못이 미칠 수 있다.
百行一虧(백행일휴),
終累全德(종루전덕).
_《내훈內訓》〈근행謹行〉

생활 속의 사소한 실수와 잘못이 자신의 경력 전체에 크게 문젯거리로 작용할 수 있다는 지적이다. 특히 당시에는 사소하다고 생각했거나 경솔한 판단으로 저지른 잘못이 결정적으로 발목을 잡는 경우가 있다.

그것이 도덕적 문제일 경우에는 특히 그렇다. 평소 인륜을 벗어난, 윤리도덕의 범주를 벗어난 언행을 삼가라는 지적이다. 법적인 범주가 윤리 도덕적 문제와 연계될 때는 특히 치명적이다.

학문에 있어서도 이 문제는 마찬가지 경고로 새겨들을 필요가 있다. 표절 문제가 그런 경우를 대표한다. 학문의 기본 양심과 걸리는 문제이기 때문이다. 또 자신의 명성이나 부귀를 위해 부당한 결탁, 즉 금권과 손을 잡는 행위 역시 학자의 양심과 양식이라는 범주를 깊이 고려해서 판단해야 한다.

명성과 부귀를 위해 대중에 영합하는 '곡학아세'를 선인들이 그토록 경계한 것은 그것이 결국 학자의 양심이라는 윤리 도덕적 범주를 해치기 때문이다.

두루 배우되 뜻을 도타이 하고,
절실히 묻되 내 자신에 견주어 생각하라.
博學而篤志(박학이독지),
切問而近思(절문이근사).
_《논어論語》〈자장子張〉편

그러면서 자장은 그렇게 하면 "인이 그중에 깃든다人在其中矣(인재기중의)."라고 했다. 공부하는 과정에서 공부學(학)와 생각思(사)은 없어서도 치우쳐서도 안 된다. 이것이 오늘날 많은 사람이 강조하는 '이성인식理性認識'이라는 것이다.

공부와 생각이 관계에 대해〈예기〉〈중용〉편에서는 '박학博學'과 '신사愼思'를, 사마천은 '호학好學'과 '심사深思'를 강조했다. 자장과 중용은 그 사이에 '절실하게 묻는' '절문切問'과 '살펴서 자세히 묻는' '심문審問'이라는 단계를 두었다.

널리 배우고, 상세히 묻고, 신중하게 생각하고,
분명하게 판단하고(가리고), 독실하게 행동하라.
博學之(박학이), 審問之(심문지), 愼思之(신사지),
明辨之(명변지), 篤行之(독행지).

_〈예기禮記〉〈중용中庸〉

공부에서 실천에 이르는 과정과 단계에 대한 명언 중, 가장 유명하고 깊이 있는 것이다. 이어지는 대목을 함께 소개하면 이렇다.

배우지 않으려면 그만이지만 배우려면 배우지 않을 때까지 배워라.

묻지 않으려면 그만이지만 물으려면 물을 것이 없을 때까지 물어라.

생각하지 않으면 그만이지만 생각하려면 생각할 것이 없을 때까지 생각하라.

분명하게 가리지 않으려면 그만이지만 가리려면 분명히 가릴 것이 없을 때까지 가려라.

실천하지 않으려면 그만이지만 실천하려면 실천할 것이 없을 때까지 독실하게 실천해라. 한 사람이 실천하면 백 사람이 실천하고, 열 사람이 실천하면 천 사람이 따른다.

이런 이치를 깨닫는다면 어리석어도 현명해지고 부드러워도 강해질 수밖에 없다.

높은 산에 오르지 않으면 하늘이 높은지 모른다.
不登高山(부등고산), 不知天之高(부지천지고).

_《순자荀子》〈권학勸學〉편

이어지는 다음 구절은 이렇다.

"깊은 계곡에 임하지 않으면 땅이 얼마나 넓고 두터운지 알 수 없다 不臨深溪(불임심계), 不知地之厚也(부지지후야)."

그러면서 순자는 이렇게 마무리한다.

"선왕들이 남기신 말을 듣지 않으면(배우지 않으면) 학문이 얼마나 큰 지(학문의 세계가 얼마나 크고 넓은지) 알지 못한다 不聞先王之遺言(불문선왕지유언), 不知學問之大也(부지학문지대야)."

직접 실천하거나 경험하지 않고는 학문의 진정한 가치를 깨칠 수 없음을 지적한 명구다. 이 구절은 선현들이 많이 언급한 "큰 인물이 되려면 만 권의 독서를 하고, 만 리를 여행해야 한다 讀萬卷書(독만권서), 行萬里路(행만리로)."와 일맥상통한다.

옳지 못한 것도 습관이 되면 옳은 것이 된다.
習非成是(습비성시).

_《법언法言》〈학행學行〉

인간의 언행은 반복되면 일정한 패턴이 생긴다. 몸에 배면 습관이 된다. 양웅은 옳지 못한 것도 계속 반복되어 습관이 되면 옳은 것을 이기는데, 하물며 옳은 것이 몸에 배면 옳지 않은 것을 이기는 것이야 말해서 무엇 하겠느냐고 반문한다.

문제는 옳지 않고 나쁜 것에 익숙해지면 그것을 옳고 좋은 것으로 여기는 것이다.

개인의 습관도 조직의 운영도 나라의 정책도 마찬가지다. 한 번 몸에 배면 고치기 힘들고 버리기 힘든 것이 습관이다. 고정관념도 그렇다. 큰일을 하는 사람일수록 이런 것들에 주의해야 한다. 노력보다 중요한 것이 방법이라는 말이 있듯이 정확한 방법과 노력이 동반된다면 더할 나위 없을 것이다.

모른다고 묻기를 부끄러워하면 끝까지 모르게 된다.
恥不知而不問(치부지이불문), 終于不知而已(종우부지이).

_《이정수언二程粹言》

위 대목은 공자의 말로 인용되어 있는데, 다음 대목은 "모른다고 생각하면 반드시 누군가를 찾아서 알려고 해야 끝내 알 수 있다."라는 것이다. 모른다는 것을 인정하고 꼭 알고자 한다면 끝내는 알 수 있게 된다. 그래서 공자는 '불치하문不恥下問'이라고 하지 않았던가?

물음問(문)은 앎知(지)의 전제다. 따라서 물음은 공부를 하면서 생기는 의문과 의심을 푸는 열쇠이자, 지식을 추구하는 길이다. 선현들은 그래서 끊임없이 의심하고 물으라고 권한다. 물을 줄 모르면 부끄러운 줄도 모르고, 그것이 결국 무지로 이어진다.

현대사회는 굳이 누군가를 찾아서 물을 필요가 갈수록 없어지고 있다. 지식이 해방되어 가고 있기 때문이다. 따라서 물음보다는 의문과 의심, 즉 물을거리를 끊임없이 만들어내야 하는 세상이 되었다.

* 《이정수언》은 송나라 때의 이학자 정호와 정이 형제가 편찬한 두 권의 문집인데, 얼마 뒤 제자 양시에 의해 다시 정리되었다.

'혁신적인 아이디어'와 '모범적인 경영'을 위한
비즈니스 세계의 바이블,
'하버드 비즈니스 리뷰 클래식 시리즈!'

'국가는 회사가 아니다!'
국가의 주인은 지도자가 아니다.
국가를 '회사처럼 경영하지' 마라

폴 크루그먼 지음 / 유중 옮김 / 46판 / 96쪽 / 값 9,000원

'권력은 최고의 동기부여다!'
권력은 이타적일 때 '최고의 동기'를 부여한다.
절대, '사적 이기주의'로 쓰지 마라!

데이비드 맥클리랜드, 데이비드 번햄 지음 / 유중 옮김 / 46판 / 104쪽 / 값 9,000원

'전략적 의지가 없으면 싸구려다!'
개인도, 기업도, 국가마저도
결국 전략적 의지가 없으면 망한다!

" '전략적 의지'는 현재보다 미래의 기회를 중시한다.
미래의 기회를 현실로 끌어들이는 것이다! "

게리 해멀, C. K. 프라할라드 지음 / 권춘오 옮김 / 46판 / 120쪽 / 값 9,000원